826 NOTAS DE AMOR PARA EMMA

826 notas de amor para Emma

Faça do almoço algo significativo.
A vida seguirá.

GARTH CALLAGHAN
COM CYNTHIA DITIBERIO

Tradução
Regina Cazzamatta

LeYa

Título original: *Napkin notes: make lunch meaningful, life will follow*

PREPARAÇÃO DE TEXTO
GC Serviços Editoriais

REVISÃO
Patricia Bernardo de Almeida

PROJETO GRÁFICO
Marcelo Nardeli

DIAGRAMAÇÃO
Camila Araújo

CAPA
Retina 78

Dados Internacionais de Catalogação na Publicação (CIP)
Angélica Ilacqua CRB-8/7057

Callaghan, Garth
826 notas de amor para Emma : faça do almoço algo significativo. A vida seguirá / Garth Callaghan, Cynthia DiTiberio; tradução de Regina Cazzamatta. - São Paulo: LeYa, 2014.
320 p.

ISBN 978-85-441-0124-7
Título original: *Napkin notes: make lunch meaningful, life will follow*

1. Câncer – Pacientes – Narrativas pessoais 2. Pais e filhas 3. Conduta de vida I. Título II. Cazzamatta, Regina III. DiTiberio, Cynthia

14-0748 CDD 926.16994

Índices para catálogo sistemático:
1. Câncer – Pacientes – Narrativas pessoais

2014
Texto Editores Ltda.
[Uma editora do Grupo LeYa]
Rua Desembargador Paulo Passaláqua, 86
01248-010 — Pacaembu — São Paulo - SP
www.leya.com.br

Para Emma.
826 guardanapos nunca
serão suficientes.

Sumário

Introdução

Quando minha filha era recém-nascida, eu costumava balançá-la até que ela adormecesse no cestinho que nós colocamos com todo carinho em seu quarto. Minha esposa, Lissa, passava horas alimentando Emma, então, o mínimo que eu podia fazer era assumir a responsabilidade de embalá-la. Para ser honesto, aqueles minutos eram valiosos. Escutar os pequenos sons que Emma fazia ao adormecer. A maneira como eu ficava maravilhado com seus dedinhos, cada cílio milagroso em seus olhos, as preciosas dobrinhas dos seus lábios. Esse era um momento meu. Para embalar, refletir, saborear.

Com frequência, a cachorrinha da família, Lucy, se enroscava no tapete ao nosso lado. Ela amava Emma e gostava de ficar em qualquer cômodo onde sua "irmã" estivesse.

Uma vez, quando Emma estava perto do seu primeiro aniversário, mas ainda me permitia embalá-la até adormecer, olhei para Lucy. Não sei o que me fez pensar nisso, mas, de algum modo, percebi que um dia teria de explicar a Emma que Lucy morrera. Lucy era, àquela época, três anos mais velha e, levando em conta a expectativa de vida dos cães, deduzi que no oitavo aniversário de Emma eu teria de partir seu coração. De alguma maneira, eu teria de encontrar palavras para explicar por que Lucy não estava mais conosco.

Esse pensamento me fez chorar. Não sabia como iria lidar com isso. Se, por um lado, estava extremamente feliz em compartilhar com Emma as alegrias do mundo, por outro, o pensamento em abrir seus olhos para as tragédias... Não, obrigado.

Eu não tinha ideia de que acabaria me sentando com ela quatro vezes para contar que tinha câncer. Essencialmente, mentir quatro vezes para ela ao tentar prometer que sobreviveria. Eu não iria sobreviver. Agora sei que este câncer me matará. É só uma questão de tempo. É claro que queria que fosse bastante tempo, mas, recentemente, meu médico disse que tenho 8% de chances de viver por mais cinco anos.

Emma tem agora quatorze. Eu tenho 8% de chances de vê-la se formar no Ensino Médio.

Essas palavras são quase impossíveis de se escrever. Há períodos em que não consigo encarar a realidade do fim da minha vida. Não tenho medo da morte. Se eu não tivesse Emma, seria capaz de dizer: "Bem, tem sido um bom passeio". O que não suporto é o pensamento de deixar minha pequena menina, de não estar lá para vê-la crescer, para dar-lhe conselhos e advertências, rir e brincar. Ser seu pai.

Então, tive de achar uma outra maneira. Não sei quanto tempo ainda tenho. Mas descobri uma forma de fazê-la saber todos os dias o quão amada é, o quanto eu a apoio e o quanto eu me importo com a pessoa que ela se tornou. Escrevo bilhetes de guardanapo para ela, os quais coloco dentro da sua lancheira todas as manhãs.

Partilho este livro porque nenhum de nós sabe quanto tempo ainda nos resta. Sim, caminhamos pelo planeta com a esperança de sermos invencíveis, mas sabemos que a vida nos pode ser tirada a qualquer instante. Eu tenho a "dádiva" de perceber que o fim está se aproximando. Posso reservar um tempo para fazer um balanço e dizer para as pessoas que amo o quanto elas significam para mim. É a única coisa que importa. Sua casa, sua conta bancária, suas habilidades, sua profissão — nada disso importa. Tudo se resume aos relacionamentos duradouros que construímos. É isso. É tudo isso.

Este livro é um chamado. Para acordar. Conectar-se. Compartilhar seus sentimentos. Faça aquele telefonema. Escreva aquele bilhete. Porque eu conheço muito bem a fragilidade da vida e sei o quanto é importante reservarmos um tempo para nos aproximar daqueles que amamos, enquanto ainda estamos aqui, enquanto ainda podemos.

1.

TUDO COMEÇOU COM UM GUARDANAPO

Dobrei lentamente o guardanapo e o coloquei na lancheira de Emma. Ultimamente, minhas mensagens passaram a focar na temática do beisebol. Emma estava se tornando uma ávida jogadora de *softball*, e eu amava usar essas analogias. Eu me considero um ladrão de base, sempre procurando por oportunidades, pronto para ver quais direções novas a vida pode tomar.

Mas houve um momento em que arrastei meus pés. Não estava pronto para correr para a segunda base, embora fosse o que meu time precisasse.

Minha esposa, Lissa, é cinco anos mais velha do que eu. Sempre me senti muito sortudo por ela ter me escolhido, um jovem pretensioso, para ser seu parceiro por toda a vida. (Curiosamente, minha mãe é cinco anos mais velha do que meu pai.) No entanto, um dos desafios em ser casado com alguém mais velho é que, às vezes, tive que entrar de cabeça nas mudanças da vida antes mesmo de estar preparado. Fui um dos primeiros entre meus amigos a comprar uma casa. Eu me casei bem antes deles. Agir como um adulto me foi imposto inúmeras vezes.

No começo de 1999, Lissa veio até mim e disse francamente:

— Já é hora.

Tenho certeza de que houve mais discussões que levaram a essa declaração, mas aquelas três palavras foram as que mais importaram. Já era hora de tentar engravidar. Eu tinha somente 29 anos, mas Lissa estava com 34, e já era hora. Casados há apenas alguns anos, eu não tinha certeza se estava pronto para o próximo passo. Há muito tempo eu rezava para ter uma filha, mas era para o futuro. Quando eu estivesse pronto para crescer.

Eu sabia, Lissa tocaria no assunto. Honestamente, sabia que o começo dessa aventura poderia ser bastante divertido para mim. Além disso, parece que todo mundo nos dias de hoje precisa de algum tipo de aconselhamento sobre fertilidade, e não achei que engravidaríamos de imediato. Eu teria tempo para me preparar.

Embora a gente não tenha engravidado logo, não demorou muito. O começo dessa aventura foi muito mais rápido do que o esperado. Em pouco tempo, eu estava encarando a paternidade.

Os oito meses e meio seguintes foram uma enxurrada de atividades e preparações. Frequentamos todos os tipos de cursos. Escolhemos um pediatra. Passamos horas a fio em lojas olhando macacões e outras parafernálias de bebês. Adaptamos a casa para as necessidades de um bebê e preparamos o quartinho. (Um conselho para todos os futuros pais: monte o berço dentro do quarto! Eu gostei tanto de montá-lo que tive de fazer duas vezes!)

E, claro, lemos todos os livros sobre nomes de bebês publicados na América do Norte. Eu era fortemente a favor de Elizabeth ou Matthew. Na verdade, eu queria escolher Matthias, a versão alemã de Matthew, mas eu sabia que não poderia ganhar esta batalha. Sequer tentei. Lissa rapidamente vetou Elizabeth por causa de uma antiga colega de quarto com quem ela não se dava muito bem. Lissa gostava de Benjamin e Chloe. Infelizmente, tínhamos um gato, o Ben, e chamar nosso filho de Ben pareceu estranho. Eu vetei Chloe porque imaginava provocações no parquinho começando com rimas engraçadinhas.

Após o ultrassom da vigésima semana, descobrimos que minhas preces haviam sido atendidas. Teríamos uma menina. Meu coração se encheu de alegria quando pude ver uma imagem mais real do bebê crescendo dentro da Lissa. Uma pequena menina. Finalmente, a ideia de se tornar um pai começou a parecer mais atrativa.

E conseguimos escolher um nome. Eu sempre gostei de Claire, por carregar consigo a noção de claridade. Lissa concordou. Claire Delany Callaghan seria o nome da nossa garotinha.

Não foi uma gravidez fácil. Lissa teve enjoos matinais por mais de seis meses. Com frequência reclamava que pouco importavam as opções de jantar, pois nada permanecia por muito tempo em seu estômago. A pressão arterial de Lissa continuava subindo, e houve preocupações em relação a ela e ao bebê. Sentia-me perdido, sem saber como ajudar, assim como muitos homens. Foi meu trabalho preparar a casa para a chegada da nossa filha, ir a vários compromissos e ficar de fora de todo o resto.

Aquela terça-feira de outubro foi um dia como qualquer outro. Fui trabalhar, como sempre, e Lissa foi ao consultório de seu médico para medir a pressão. Recebi um telefonema nervoso dela por volta do meio-dia. O médico estava preocupado. A pressão de Lissa entrava em uma zona de perigo e foi decidido que tínhamos de ter aquele bebê. Hoje. Arrumei minhas coisas no trabalho e corri para o hospital. Ao me ver aproximar-se da sala de espera, Lissa se levantou meio desajeitada. Seus olhos brilhavam de expectativa. Nós dois sorrimos. Seria o dia em que encontraríamos a nossa Claire.

Após Lissa ser internada no hospital, o jogo da espera começou. Ela recebeu ocitocina, e esperamos fazer efeito. Lissa estava com calor, e eu tremia na sala. Em vão, me espremi no pequeno sofá, todo vestido e enrolado em um cobertor. Foi uma longa noite. A ocitocina demorava a fazer efeito. Assistimos às notícias da manhã e aos programas de jogos. Estava ansioso e me sentia bastante inútil. Pegava cubos de gelo para Lissa, mas, fora isso, não tinha nada para fazer. Médicos e enfermeiras entravam e saíam, cada um olhava os gráficos e as máquinas e observava se as coisas estavam progredindo. Após 24 horas no hospital, finalmente era hora de fazer força.

Eu não estava pronto.

Embora Lissa, provavelmente, relembre o processo como eterno, tudo o que sei é que, de repente, o médico estava me dando um instrumento e me ajudando a espremer o sangue do cordão umbilical para que eu pudesse cortá-lo. Eu não tinha nenhuma intenção de cortar aquele cordão! Fui bem claro ao dizer ao médico que eu não queria! Mas lá estava eu, em uma sala cheia de médicos, e não me fora dada a opção. Trinquei os dentes e fiz o meu dever, recuando com rapidez enquanto o médico e as enfermeiras conduziam o teste de Apgar. Nossa bebê, Claire, estava lá.

Eu não estava preparado.

Fiquei lá, paralisado. Além de não saber o que fazer, eu também não queria fazer nada. Estava indo tudo tão rápido.

Eu não estava preparado.

Lissa logo me tirou dessa situação. "Vá até ela!", ela suplicou enquanto deitava imobilizada na cama do hospital. Fui até onde as enfermeiras cuidavam de Claire e a toquei gentilmente. Eu ainda não sabia o que fazer, mas estava ali, presente. Percebi o que era isso. Estava acontecendo. Eu era um pai...

Mas eu ainda lutava com aquela realidade. Depois que Claire nasceu, fui, enfim, para casa dormir um pouco. Odeio admitir isso, mas, na manhã seguinte, não me apressei em voltar ao hospital. Tomei até que um bom café da manhã. Lavei a louça. Levei a cachorra para passear. Eu não queria mesmo voltar para o hospital.

Finalmente, recebi uma ligação da Lissa. "Hum, querido, onde você está?" Apressei-me em voltar.

Nosso tempo no hospital não foi fácil. Claire estava com um nível alto de bilirrubina e teve que passar diversas horas do seu primeiro dia de vida em uma pequena caixa de plástico para a fototerapia. Lá estava nossa bebê com poucas horas de vida, deitada com óculos de proteção amarrados em seu rosto para que os raios não prejudicassem seus olhos. Não podíamos segurá-la ou tocá-la durante o tratamento, só podíamos ficar ali, encarando-a pelo vidro. Era uma tortura. Mas, de alguma forma, isso me fez reivindicá-la. Era minha filha ali, sozinha. Precisando de mim. Ela começou a parecer como... minha.

O que de fato me ajudou nessa transição foi quando, enfim, admitimos para nós mesmos que, quanto mais nos conhecíamos e quanto mais tempo passávamos com a Claire, mais percebíamos que o nome dela não se encaixava. Cometemos um erro. Nossa bebê tinha o nome errado e isso era nossa culpa! Timidamente, perguntamos à enfermeira o que poderia ser feito. Imaginei pilhas de papéis e até um processo para corrigir esse erro. Ela sorriu de forma gentil e nos disse que isso ocorre com mais frequência do que imaginávamos e que deveríamos apenas preencher um formulário antes de deixarmos o hospital.

Saímos naquela tarde como uma família, com Emma Claire Callaghan. Não sei qual era o problema com o nome. Mas uma vez que o mudamos, uma vez que ela se tornou Emma, ela se tornou minha. Tornou-se real.

Quando a colocamos com cuidado no cadeirão do carro, e quando Lissa, cautelosamente, sentou-se no banco de trás, ao lado dela, peguei meu lugar na direção, finalmente com um trabalho importante para fazer. Eu estava levando minha família para casa. Olhei no espelho retrovisor. Não pude ver Emma no banco do carro, mas sabia que ela estava ali. Minha bebê. E seguimos para casa.

Eu estava pronto!

Querida Emma, às vezes, quando preciso de um milagre, eu olho em seus olhos e percebo que já tive um.
Com amor, papai.

Enquanto, no início, meu papel como pai envolvia muitas fraldas, embalos e silêncio, e o foco era alimentá-la, acalmá-la e fazê-la dormir, quando Emma cresceu e se transformou em uma pequena menina, meu papel mudou. Não demorei a perceber que ser pai é muito mais que escolher um nome (algo que já fiz errado) e mantê-la alimentada. Eu estava ajudando a formar uma pequena pessoa. Dos primeiros sons aos primeiros passos e palavras, minha Emma começou a ter personalidade. Havia uma pequena pessoa ali. E era meu trabalho prepará-la para o mundo.

Começou com a percepção de que nós realmente deveríamos ensiná-la o certo e o errado, o que significava impor disciplina. Eu mesmo nunca fui muito bom nisso. Ela apenas olhava para mim com olhos cheios de esperança e, não importava o que ela tivesse feito, eu queria encobri-la.

Antes mesmo que eu percebesse, ela já estava indo para escola, e minhas horas com ela ao longo do dia diminuíam. Passávamos um tempo juntos pela manhã antes da escola e do trabalho, mais um pouco no jantar e na hora de ir para cama, e também em qualquer momento entre um lugar e outro, dirigindo pela cidade ao longo do dia. Eu tinha somente três momentos no dia para estar em contato com minha filha: café da manhã, jantar e hora de ir para cama. Quando somei tudo isso, notei que talvez desse uma hora por dia.

Enquanto eu sabia que isso fazia parte de deixar minha criança crescer e ganhar independência no mundo, eu sentia falta dos momentos em que ficávamos mais próximos. De sentir como se eu tivesse delineado o dia dela. Eu sabia que, agora, amigos e escola ocupavam a maior parte de seu tempo, tornavam-se mais e mais importantes. Gostaria de encontrar um jeito de me inserir em seu dia atarefado.

Emma sempre foi focada nas refeições. Eu não sei se outras crianças têm essa fixação. Ela pulava da cama, cobertorzinho em mãos, e perguntava:

— O que tem para o jantar?

Eu tinha sorte por trabalhar em uma empresa que nos encorajava a passar o tempo que precisávamos com a família. Então, me tornei um voluntário para o almoço do jardim da infância. Abria as caixinhas de leite, apertava o *ketchup*, distribuía canudinhos e limpava o que era derramado. Era a hora mais árdua do dia. Mas isso significava que eu conseguia sentar com minha filha por um instante, encontrar os amigos dela e ver como eles interagiam.

Isso também significava que podia ver o que ela estava comendo quando comprava o almoço na cantina. Rapidamente me tornei a favor de fazê-los em casa.

Como em casa eu era o primeiro a me levantar, então me transformei em um especialista em preparar almoços. Eu cortava, picava, misturava e empacotava. Eu tentava dar um toque especial que ela apreciaria, como *cookie* ou copinhos de pudim. Qualquer coisa para fazer seu rosto alegrar-se.

Constantemente, eu incluía um bilhetinho escrito em seu guardanapo.

Os bilhetes começaram de forma simples. *Te amo. Tenha um bom dia. Seja amiga de alguém.*

Eu sequer sabia se eles eram lidos. Muito menos se eram importantes. Mas eu queria que cada dia fosse especial. Um dia, eu tinha acabado de preparar o almoço dela. Eu ainda não tinha escrito o bilhete. Emma viu o pacote do almoço no balcão sem o recado, e eu vi os neurônios pipocando em seu cérebro. Ela vasculhou o pacote, veio até mim com grandes olhos suplicantes e simplesmente perguntou:

— Bilhetes no guardanapo?

Foi quando descobri que isso importava para ela.

A partir daí, virou uma rotina para mim. Uma prática paterna. Não importava o que estava acontecendo, eu garantia que Emma tivesse um bilhetinho. E quando ela cresceu, os recados tornaram-se mais específicos. Mais reflexivos. Às vezes, incluía citações que eram importantes para mim, como "Por que se ajustar quando você nasceu para se destacar?", de Dr. Seuss. Percebi que esses foram momentos em que eu pude conduzi-la, guiá-la para se tornar uma jovem mulher. Ser pai significa ajudá-la a tornar-se alguém que faça a diferença no mundo. Esse era o meu pequeno jeito de tentar moldar seu cotidiano.

Eu não tinha ideia que um dia os guardanapos se tornariam o meu legado.

LIÇÃO 1:

APRENDA A RECEBER CRÍTICAS COM CORTESIA.

Crítica é uma oportunidade para melhorar. Você não precisa adotar um modelo defensivo. Primeiro, agradeça à pessoa que te oferece uma crítica. Ouça o comentário. Há algum jeito de torná-lo positivo?

Lembra quando eu comentei sobre o seu rebate? Mencionei que você deveria tentar manter as duas mãos mais alongadas no taco de beisebol. Eu achei que talvez estivesse lançando o taco muito cedo e perdendo força com o longo balanço do movimento. Eu vi resistência em seus olhos. Você se contrariou com a crítica. Eu não estava te dizendo que você é uma má pessoa. Não estava te perseguindo. Eu não estava atacando sua personalidade.

Crítica não é um insulto. Aceite-a. Pode ser valioso ouvi-la.

PRIMEIRO ROUND

Que você possa viver todos os dias de sua vida.

— Jonathan Swift

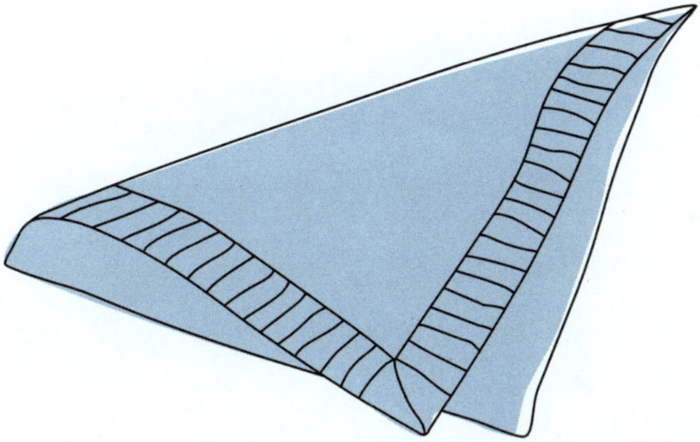

2.

SANGRIA VERMELHA

Mais uma vez, eu a perdi de vista. Eu corria, mas ela era mais rápida. Eu tinha que me manter na trilha, mas ela se atirava entre árvores e arbustos. Não conseguia alcançá-la. A trilha era desigual e desnivelada. Eu corria para cima, para baixo, direita, esquerda, em meio à sujeira. O sol da tarde me alcançava através das folhas amareladas e vermelhas. Minha esposa e vizinhos estavam bem atrás de mim, mas todos nós gritávamos o seu nome. Eu fazia o melhor que podia para correr à frente, mas já sentia falta de ar. Estava assustado. Ela nunca ficou sozinha assim, com tanta liberdade. Eu tinha que mantê-la no meu campo de visão.

Acampávamos — uma atividade que, particularmente, não gosto. Durante uma caminhada com nossos amigos, nossa cachorra Noel saiu correndo atrás de alguma coisa e sumiu. Nós a tínhamos resgatado há menos de um ano de um abrigo para animais de estimação em que ela estava há 59 dias. Esse abrigo do município, nas proximidades, não tinha a política do "não matar". Portanto, depois de 60 dias, os animais eram sacrificados. Ela foi salva desse destino por causa de um grupo de resgate aos animais, o FLAG (For The Love of Animals in Goochland [Pelo Amor dos Animais de Goochland]). Noel mal parecia um cachorro quando a encontramos. Era só pele e osso. Sua pelagem estava desigual e escassa.

Ela claramente ficou sozinha por um tempo. Era arisca com pessoas e aparentava ter um medo mortal de mim. Lissa e Emma tinham certeza: Noel era a cachorra que precisávamos salvar.

Eu não queria outra cachorra em casa. Lucy era a minha cachorra. Eu a escolhi e amei por treze anos — minha mistura de rottweiler com pastor-alemão. Lucy morrera apenas quatro meses antes de Lissa e Emma armarem uma cilada para mim, com imagens de cães resgatados.

Continuei correndo, mesmo que meus pulmões estivessem a ponto de explodir. Bailey, a golden do vizinho, estava junto com Noel e eu pude ver uma bola amarela de pelos um pouco à frente. Tudo que esperava é que Noel não estivesse tão à frente dela.

Finalmente, vi as cachorras, algum cheiro fez a alegria delas. Consegui alcançá-las e colocar a coleira de volta em Noel. Soltei um grande suspiro de alívio, agradecido que o resto do nosso fim de semana não seria gasto vagando pela natureza, na expectativa de trazer, de alguma maneira, Noel para casa.

Nossos vizinhos, Mike e Sheryl Bourdeau, haviam nos convidado para acampar, uma última fuga antes do outono começar. Pelo menos acampávamos em cabanas e não em barracas. Eu encarava muito melhor uma cabana do que dormir no chão. Celebrávamos o aniversário de Sheryl e, naquela noite, Mike tinha planejado um fantástico jantar com grelhados. Brindamos à aniversariante com vinho tinto e comemos *cupcakes gourmet*. Jogamos alguns jogos e aproveitamos a companhia uns dos outros. A noite chegou ao fim rapidamente. Quando me preparava para deitar, precisei usar o banheiro. Enquanto estava em pé fazendo xixi, olhei em choque. Minha urina estava vermelha como sangria.

Não imaginava quais eram as causas daquilo. Não havia dor. Não havia nenhum outro indício de que houvesse alguma coisa errada comigo.

Comecei a surtar.

Encontrei Lissa e contei o que havia acontecido. Peguei meu *smartphone* e tentei procurar por alguma explicação. Mal havia sinal. Saí para a varanda da cabana, segurando meu telefone acima da cabeça e o inclinei no ângulo exato para conseguir algum sinal. Sangue na urina é chamado de "hematúria macroscópica". Li sobre algumas possíveis causas. Ao fim de uma lista assustadora, havia duas causas que eu e Lissa desejávamos ser a resposta: exercícios vigorosos e uma excessiva quantidade de beterrabas. Além de ter corrido um pouco, mais cedo, tentando alcançar Noel — um tipo de exercício que não faz parte da minha rotina normal —, dentre os deleites de aniversário de Sheryl havia um *cupcake* vermelho, de uma loja *gourmet*. Embora isso não tenha passado pela minha cabeça, Lissa sugeriu que a loja pudesse ter usado suco concentrado de beterraba para dar cor ao *cupcake*. Nós nos acalmamos o suficiente para dormir, com a esperança de que fosse somente um caso esporádico e não alguma coisa com o que realmente se preocupar.

A excursão do acampamento terminou sem outros incidentes, e eu estava quase que despreocupado com o que ocorreu. Fomos para casa e retornamos à nossa vida normal, até eu ver sangue na minha urina novamente, no dia seguinte. Embora eu não seja do tipo que se aflija com pequenas coisas, percebi que deveria ir ao médico para checar isso. Marquei uma consulta com meu clínico geral, o dr. Morgan.

Depois de fazer exames de rotina, o dr. Morgan informou que tudo estava em ordem, com exceção da minha urina. Ele disse:

— Pode não ser nada. Mas pode ser alguma coisa.

Então, ele quis que eu visitasse um urologista em Virgínia para falar com um especialista. Quando deixei seu consultório, ele me disse que, caso eu não conseguisse marcar uma consulta rapidamente, eu deveria ligar para que ele agilizasse o cronograma.

Felizmente, consegui para o dia seguinte. Encontrei o dr. Tim Brandford por acaso. Seguimos os mesmos procedimentos que haviam sido tomados com o dr. Morgan, e percebi que o dr. Brandford usou a mesma frase descomprometida: "Pode não ser nada. Mas pode ser alguma coisa". (Ensinam essa frase nas faculdades de medicina? Para usar quando você não tem a menor ideia com o que está lidando? Isso deveria acalmar o paciente? Se sim, não estava funcionando.) Ele terminou com "Vamos marcar uma tomografia computadorizada". Ele queria excluir a possibilidade de algo mais sério, pois achou que talvez estivéssemos lidando com pedras nos rins ou alguma coisa menos preocupante.

Dois dias depois, eu me preparava para a minha primeira tomografia. O processo parece padrão. Beba uma bebida branca nojenta chamada "contraste" às 21h, na noite anterior ao exame. Beba de novo uma hora e meia antes do exame. Não use metal. Beba mais contraste enquanto espera no consultório. Esse processo me deixou tranquilo. Não tive tempo para ficar nervoso ou preocupado. Eu achava que fazer uma tomografia estava para além do diagnóstico procurado.

A parte engraçada do exame foi a conversa que tive antes de começar. Deitado sobre a mesa de metal, eu esperava para ser inserido no tubo.

— Você já fez uma tomografia antes? — a técnica me perguntou calmamente. Balancei a cabeça em tom de negativa. Um leve sorriso se abriu no rosto dela. — Ok. Você será colocado na máquina uma vez. Escute as instruções e respire quando for instruído. Na segunda vez, nós ligaremos o contraste. Alguns pacientes sentem um gosto levemente metálico em suas bocas. Depois disso, você sentirá como se tivesse se molhado. Não se preocupe. Não é real.

E sabe de uma coisa? Ela estava certa.

Essa pequena conversa é parte do processo. Definir as expectativas para que o paciente não surte quando sentir como se tivesse feito xixi nas calças. Ouço as mesmas palavras toda vez.

A tomografia não durou muito e, antes que percebesse, eu já estava a caminho de casa. Agora, só me restava esperar. Seriam cinco dias até que os resultados ficassem prontos. Como eu não estava muito preocupado com eles, consegui me focar em outras coisas. Minha empresa teve um projeto de fim de semana para um escritório de advocacia local. Houve um evento de caridade envolvendo brinquedos para crianças ao qual compareci. Mantive-me ocupado e esperei para encontrar o médico.

Novos começos chegam, muitas vezes, disfarçados de finais dolorosos.
– Lao Tzu

Enfim chegou a hora de encontrar o dr. Brandford. Minha consulta era bem antes das três da tarde, e Lissa precisava pegar Emma na escola. Sozinho, sentado no consultório, meu calcanhar batia no chão nervosamente. Eu achava que, provavelmente, tudo estava bem, mas ainda assim não gostava de estar ali.

Apenas me dê meu atestado de saúde ou uma recomendação para me exercitar mais e eu posso seguir meu caminho.

Não foi esse o caminho.

Dr. Brandford entrou. Olhamos a minha tomografia, e os próximos 45 minutos foram um borrão. Ouvi palavras como "tumor" e "doze centímetros". Ouvi "biópsia" e "É grande o suficiente, teremos de tirar isso de você de qualquer modo". Então, "A taxa de mortalidade é bem alta para câncer de rim que se espalhou".

Meu cérebro não conseguia entender o que estava sendo dito. Pelo amor de Deus, eu deveria ter pedras no rim ou algo assim. Lissa sequer estava comigo porque não era para isso ser sério!

Tudo que eu sabia era que o dr. Brandford estava marcando alguns exames adicionais para verificar o que exatamente estava acontecendo em meu corpo. Fui para casa com uma névoa. Embora soubesse que ele dissera um monte de coisas diferentes e discutira diversos resultados, tudo o que escutei foi “Sr. Callaghan, você vai morrer”.

Enquanto dirigia, minhas mãos seguravam o volante com força. Eu sabia que deveria ligar para Lissa. Prometi que daria notícias assim que terminasse. Mas não era algo que eu conseguiria explicar por telefone. Precisava dar a notícia pessoalmente.

Dirigi mais rápido, temendo chegar em casa e desesperado para ver Lissa. Mas quando entrei na garagem, ela estava vazia. Onde estavam todos? Elas sabiam que eu precisava delas?

Sou uma pessoa paciente, mas, ainda assim, tenho meus limites.

Enquanto andava pela cozinha, meu telefone tocou. Lissa. Elas estavam a caminho de casa. Não deveria ter atendido meu telefone. Sabia que Lissa perguntaria coisas, mas eu não sabia mais o que fazer. Ela era minha salvação e eu sentia como se estivesse afundando. Eu estava nervoso só de ouvir sua voz.

— Como foi a consulta? — ela perguntou. Eu quase conseguia vê-la em minha mente, a avenida em que estava, cuidadosamente dirigindo nossa minivan, Emma no banco de trás. A normalidade que a envolvia.

Tudo estava prestes a desmoronar em torno dela. Antes de eu conseguir evitar, pensar em alguma coisa para enrolar até ela chegar em casa, disparei: "Estou com câncer".

No que eu estava pensando? E se ela sofresse um acidente porque se distraiu com essa notícia terrível? Mas eu não estava pensando direito. Estava desesperado. Chocado. Precisava de alguém para me ajudar a processar tudo isso.

Elas chegaram em casa alguns minutos depois. Lissa conduziu Emma até a cozinha para fazer um lanche, então ela me encontrou no quarto, no andar de cima, e nos abraçamos fortemente. Havia tantas perguntas, e eu, realmente, não tinha nenhuma resposta.

Sim, o médico tinha certeza de que era câncer.

Sim, provavelmente, terei de operar.

Sim, tem que ser retirado do meu corpo mesmo que seja um tumor benigno. Tinha envolvido meu rim.

Sim, parece que se espalhou.

Não, nós não sabemos as causas.

Não, eu não sei o que fazer.

Sim, eu estou em perigo.

Sim, eu estou assustado.

Não, eu não sei como contar a Emma.

LIÇÃO 11:

APRENDA AS FUNÇÕES BÁSICAS DE UM CARRO.

Eu não aprendi a dirigir até estar no último ano da escola. Embora meu pai tenha me levado em sua caminhonete para uma estrada secundária anos antes, eu não tinha muita prática. Eu até podia dirigir bem e seguir as regras de trânsito, mas ainda não me sentia muito seguro com os carros. Eles eram bem estranhos para mim.

Em um fim de semana, eu me armei de coragem para perguntar a uma garota se ela gostaria de ir ao *drive-in*[1] do vale Brook. Embora Heidi tenha dito sim, ela perguntou se poderia levar uma amiga. Estranhei, mas eu realmente queria passar mais tempo com ela, então concordei. Busquei as garotas e fomos.

1 Trata-se de um local — cinema, restaurante ou lanchonete — em que não é preciso sair do carro. (N.T.)

Aquele era um *drive-in* antigo, com alto--falantes em postes e parquinho para as crianças brincarem antes de escurecer. Assistimos ao filme e nos divertimos bastante. O problema começou na hora de ir embora. Dei partida na caminhonete velha do meu pai, um Ford modelo F-100 Stepside. Pisei no acelerador, mas a caminhonete não se moveu. O que estava acontecendo? Eu não tinha experiência suficiente para solucionar o problema, então engatei a ré. Talvez estivesse preso em alguma coisa. Nós movemos um pouco, mas não fomos muito longe nem com alguma velocidade. Tentei balançar o caminhão, trocando as marchas. Consegui mexer um pouco de terra. Também ralei em um dos postes de alto-falante e uma luz traseira. Foi fantástico. Que jeito de impressionar seu encontro!

Caminhei até o telefone público e inseri uma moeda para ligar para casa. Falei para o meu pai o que estava acontecendo.

Ele escutou cuidadosamente e me disse o que fazer. Eu deveria seguir suas instruções rigorosamente.

— Volte para o caminhão, pegue uma lanterna e abra o capô. Olhe para a área do motor por alguns minutos e finja que você sabe o que está fazendo. Feche o capô com confiança e volte para dentro do caminhão. Dê partida e *abaixe o freio de mão*. Leve as garotas para casa, e você pode substituir a lanterna traseira amanhã.

Obrigado, pai!

3.

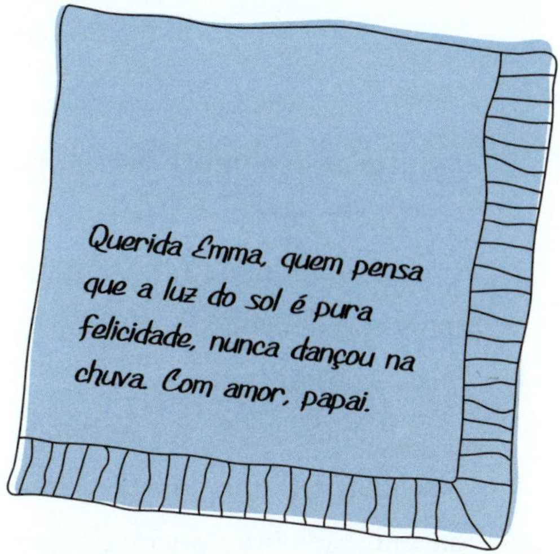

“ESTOU ÓTIMO!”

Sorri ao colocar a tampa de volta na minha caneta. Essa era uma das boas. Na dúvida, minhas mensagens de guardanapo tendem a inclinar-se para pensamentos positivos ou como você pode mudar sua atitude. Essa era um clássico. Eu sabia que os tempos difíceis da vida eram aqueles nos quais você mais aprende ou eram necessários para te colocar de volta no caminho de algo bom. Se você puder manter isso sempre em mente, pode passar por qualquer coisa.

Eu ainda não tinha contado para Emma. Estava tentando deixá-la no estado de espírito certo para ouvir minhas notícias.

Quando estava na faculdade, comecei a trabalhar em uma loja de conveniência no final da rua. Eles precisavam de um caixa para os fins de semana e eu precisava de um salário para me ajudar a pagar a universidade. Não era um trabalho excitante ou glamoroso. Mas paguei algumas contas. Era tudo de que eu precisava.

No sábado, eu tinha que levantar antes do amanhecer para o primeiro turno. Às vezes, ainda trabalhava durante a noite toda. Era cansativo e chato, mas eu sabia que significava uma ajuda com os custos da universidade.

Em um sábado de manhã, quando trabalhava por lá há menos de seis meses, um homem entrou na loja. Foi mais como um tropeço. Não pude dizer qual era sua idade, mas parecia que ele tinha acabado de voltar de uma longa noitada de festa ou estava com a pior ressaca de sua vida. Ele usava um par de óculos que, pode-se dizer, não fazia seu estilo. Parecia o tipo de pessoa que normalmente usa lentes de contato.

Ele foi direto ao nosso café e começou a preparar uma xícara, colocando, devagar, o creme e então mexendo com motivação. Ele desviou o olhar de sua tarefa e me viu.

— Como você está? — ele perguntou, provavelmente sem esperar uma resposta.

Eu bati meu punho no balcão e respondi:

— Estou ótimo!

O homem parou de mexer e olhou de novo, seus olhos finalmente encontraram os meus.

— Essa é uma atitude interessante para esta hora da manhã — ele disse, com um pequeno sorriso.

— Quanto mais eu digo isso, mais acreditarei, então chegarei lá no fim das contas — disse honestamente.

Antes de saber o que estava acontecendo, o homem andou até o balcão, colocou seu café e estendeu a mão.

— Você gostaria de um emprego?

Descobri, então, que aquele homem trabalhava na multinacional de eletrônicos Circuit City. Ele perguntou se eu gostaria de me juntar aos programas de treinamento de gerência. Gostou da minha atitude, foi suficiente para que pensasse "esse é o tipo de funcionário que eu gostaria de ter".

Se eu não tivesse aquela atitude, não teria conseguido o emprego, o qual, por sua vez, me levou a conhecer minha esposa e a ter Emma. Se eu não tivesse aquela atitude, quem sabe o que teria sido da minha vida?

Mas ter uma boa atitude em relação a um câncer? Era um teste. Quem gostaria de ter essas palavras jogadas sobre si aos 42? Ser deixado sozinho para contar à sua filha de doze anos?

Alguns dias depois do meu diagnóstico, eu sabia que já era hora de contar a Emma o que estava acontecendo. Não sabia o quanto ela sabia sobre câncer ou se eu sequer deveria mencionar a palavra. Eu queria colocar o tema de modo positivo e assegurar que tivesse uma atitude correta sobre isso, assim evitaria soar muito assustador.

Mantinha em mente que nós ainda não sabíamos como seria lidar com tudo isso. *Mantenha vago e ela nunca saberá o quanto toda a situação está me apavorando.*

Lissa e eu discutimos por horas a melhor maneira de ter essa conversa. Deveríamos estar juntos ou eu deveria fazer isso sozinho? Nós a deixaríamos fora disso? Mas eu sabia: ela percebia que algo estava acontecendo. Senti, no final das contas, que o ideal seria explicar para ela do melhor jeito possível, em vez de fazer com que ela se sentisse excluída e confusa.

Não pude evitar de me lembrar do momento em que contei a ela sobre Lucy. Assim como presumi quando ela era um bebê, Lucy morreu quando Emma tinha nove anos. Como era uma conversa que, definitivamente, eu não esperava ter, ao pensar nisso antes não levei em conta o quão devastado eu estaria. Eu só pensava em Emma. Mas quando a Lucy morreu... Nossa... Eu fiquei um trapo.

Lucy foi o primeiro cachorro que tive. Não cresci com cachorros, então, quando Lissa lançou a ideia de adotar um cão, fui relutante. Eu não sabia realmente o que esse relacionamento acarretaria.

Nós visitamos diversas organizações de resgate de animais sem sucesso. Eu sabia muito bem o que eu *não* queria em um cachorro, mas eu não estava muito certo sobre o que eu gostaria. Então, certo dia, nós chegamos a um abrigo de animais e eu vi Lucy. Não sei como descrever, exceto pelo fato de saber, no momento em que a vi, que ela seria a minha cachorra. Ela era uma mistura de pastor-alemão com rottweiler, um filhote entusiasmado. Toda vez que a levávamos ao veterinário, ele olhava para suas patas e dizia: "Oh, ela vai ser uma cachorra grande, provavelmente terá uns dezoito quilos". Mas, a cada visita subsequente, ele acrescentava uns quatro quilos e meio. Lucy bateu os 45 quilos.

Depois do amadurecimento durante seus anos como filhote, Lucy se tornou a cachorra perfeita. Ela era bem-comportada e nunca precisou de coleira enquanto eu andava com ela. Se eu parasse e ela estivesse à minha frente, ela voltava e se sentava ao meu lado. Ela odiava estranhos e tinha um latido perverso, mas se você ultrapassasse o portão de nossa casa, ela seria sua melhor amiga.

Ela era minha cachorra. Sempre quis ficar ao meu lado. Eu não tinha noção do quanto um cachorro pode te dar. E mais importante, eu nunca percebi quanta alegria um cachorro pode expressar quando você passa pela porta, não importa se foi há cinco minutos ou há cinco dias. Cachorros sabem como fazer você se sentir importante e amado.

E Lucy e Emma? Elas eram irmãs de verdade. Lucy era tão paciente com Emma enquanto ela crescia, tornava-se maior, e Emma queria que Lucy fosse sua colega. Houve um Natal em particular em que Emma recebeu um kit de cabeleireira como presente. Fui até a sala com uma xícara de café na mão para ver minha enorme cachorra de 45 quilos ter seus pelos pacientemente secos e enrolados com as instrumentos de brinquedo.

Quando o verão de 2010 estava no auge e Lucy tinha treze anos, ela começou a descer ladeira abaixo. Ela dormia mais, comia menos, acidentava-se pela casa. Nós sabíamos que a hora estava chegando.

Naquele mês de agosto, fui a uma convenção do Star Wars, na Flórida, com minha sobrinha de quinze anos. Nós ficamos fora por cinco dias, e quando voltei para casa, Lissa se aproximou enquanto eu desfazia as malas, ainda entusiasmado com minha experiência. Ela se sentou na cama.

— Não gostaria de arruinar seu momento, mas as coisas não estão indo bem com a Lucy.

Eu imediatamente parei o que estava fazendo, sentei na cama ao lado de Lissa e a escutei contar sobre a visita ao veterinário. Lucy estava com insuficiência no fígado.

— O que ele disse? — perguntei. — Há alguma coisa que possamos fazer?

Lissa chacoalhou a cabeça, seus olhos cheios de lágrimas.

— Nós poderíamos gastar milhares de dólares em uma cirurgia, mas, ainda assim, somente daria a ela mais alguns meses, no máximo.

Eu permanecia sentado, olhava minhas mãos. Odiava o fato de ter chegado a esse ponto. Mas eu sabia que só queria ajudar Lucy. Se ela estava tão desconfortável, a gente precisava fazer isso agora.

Fui ao veterinário naquela tarde e disse adeus a Lucy.

Emma estava na casa de uma amiga e, embora soubesse como seria difícil explicar que Lucy simplesmente se foi, eu não queria que ela tivesse de dizer adeus. Por diversos motivos, eu achava que aquilo só tornaria as coisas mais difíceis.

Então chegou o momento que eu temi por oito anos. Eu tinha que me sentar com a minha filha e explicar que Lucy não estava mais aqui. Eu tive que partir o coração da minha filha, enquanto o meu já havia se espatifado em milhões de pedacinhos.

Sempre parece impossível, até que seja feito. – Nelson Mandela

Emma tinha doze anos agora e tornou-se verdadeiramente uma jovem mulher. Ela havia sido exposta aos desgostos da vida mais do que eu queria. Alguns meses antes do meu diagnóstico, meu pai morreu de forma inesperada. Ele fez uma biópsia para verificar se tinha câncer de pulmão e, alguns dias depois, seu pulmão entrou em colapso; ele entrou em coma e nunca mais acordou. Ironicamente, a biópsia estava limpa. Mas era tarde demais. Meu pai já havia partido.

Não foi fácil dividir isso com Emma. Mas seu avô estava velho. Ela tinha amigos que sequer tinham avós vivos e sabia que aquilo era algo que acontecia. Mas um pai doente? Ela conhecia a palavra "câncer"? Eu achei que ela provavelmente compreenderia mais do que eu esperava. Eu só precisava me focar nos fatos.

Eu me sentei com a Emma. Abordei, devagar, a minha doença. Eu provavelmente tinha câncer, teria que passar por uma cirurgia, e, se tudo corresse bem, o tumor seria retirado e tudo estaria finalizado.

Definitivamente, minimizei meus medos. Ela chorou. Eu me agarrei a ela com firmeza. Disse que tudo ficaria bem, sabendo que talvez não fosse verdade.

Nos dias que se seguiram, eu mal pude olhar para Emma, temendo por sua perda em potencial. Sim, eu estava assustado com o diagnóstico e esperava para ver qual seria nosso plano de tratamento. No entanto, a maior parte do tempo, eu pensava em Emma. Em quão jovem ela era. Em quão difícil seria crescer sem um pai. No quanto eu perderia se eu não vencesse isso.

Eu me considerava uma pessoa tranquila. Demora bastante para que eu demonstre minhas emoções. Mas, de uma hora pra outra, me encontrei no chuveiro, com soluços torturando meu corpo. Ainda estávamos esperando para saber com o que exatamente estávamos lidando. O diagnóstico foi vago, sem muitas opções positivas. Tudo o que eu pensava é que poderia morrer em um ano. Eu ainda não tivera a chance de fazer a diferença no mundo, com exceção da minha família. Isso é suficiente? Eu não sabia.

Tentei me lembrar de todos os bilhetes que escrevi para Emma nos últimos anos, olhando para minha lista de ditados favoritos. Como eu podia dançar sob essa tempestade? Como eu poderia achar um feixe de luz para ver um arco-íris, algo que eu nunca veria se a chuva não estivesse ali? Mas eu não conseguia ver uma luz. Em nenhum lugar.

LIÇÃO 17:

NÃO BEBA E DIRIJA. NUNCA.

Eu era jovem, devia ter uns vinte anos. Eu estava trabalhando em um *resort* em uma das comunidades próximas e, com frequência, tinha de dirigir para casa tarde da noite. A estrada para a minha pequena cidade era estreita — a largura quase não era suficiente para que dois carros passassem um ao lado do outro sem que o jogo de pneus de um deles fosse parar no acostamento. Era uma estrada sinuosa e com muito vento.

Uma noite, eu fiquei depois do trabalho e saí com alguns colegas. Eu provavelmente bebi muito. Não, eu bebi demais, definitivamente. Eu não deveria estar na direção. Poderia ter ficado com meus colegas. Poderia ter ligado para meus pais. Poderia ter dormido no carro. Escolhi dirigir até em casa. Escolhi mal.

Eu sabia que os trechos da estrada entre Old Forge e Port Leyden não eram fáceis de dirigir nos melhores dias. Fui por uma rota maior, por onde não seria tão difícil guiar. Dirigi por outro caminho, sabendo que não poderia ficar naquela estrada sem causar um acidente. Mandaram-me encostar. Graças a Deus. O policial sabia que eu não poderia estar dirigindo. Não sei o porquê, mas ele não me multou. Na verdade, ele ficou ao lado do meu carro e conversou comigo por, pelo menos, duas horas. Foi clareando. Não tenho a menor ideia do que discutimos, mas quando o sol espreitou sobre as montanhas, ele perguntou se eu achava que poderia dirigir em segurança para casa naquele momento. Eu dirigi, e ele me seguiu até a fronteira do condado. Cheguei em casa são e salvo. Mais importante, cheguei em casa sem machucar ninguém e aprendi uma séria lição nesse dia.

Sempre irei te buscar. Permita-me. Sem questionamentos.

4.

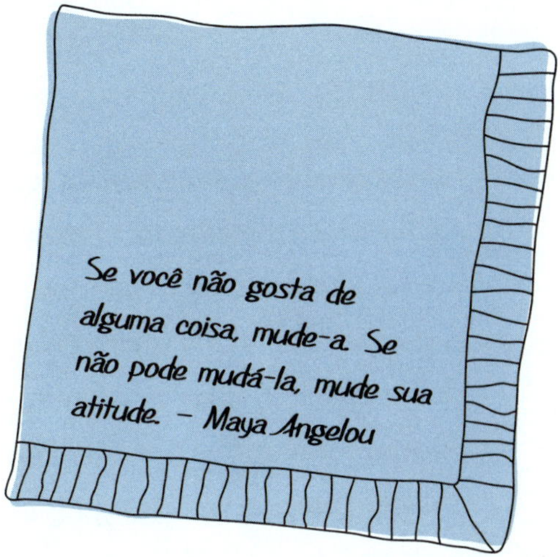

CADÊ O PÔNEI?

Quando eu estava na oitava série, a senhora Nona Willey (sim, eu me lembro de todos os meus professores) compartilhou uma história com a sala. A história era mais ou menos assim:

Havia dois irmãos gêmeos. Eles eram novinhos — provavelmente cerca de seis anos. Embora os meninos fossem gêmeos, a personalidade deles era incrivelmente diferente. Um era extremamente feliz, e o outro extremamente ansioso.

Os pais levaram os garotos para ver um conselheiro. O conselheiro criou um exame. Havia dois quartos, e os garotos foram separados. O garoto ansioso foi levado a um cômodo cheio de brinquedos e jogos. Imagine um Atari, Comandos em Ação, personagens do Star Wars, máquina de fliperama, bonecos de esticar e muito mais! O menino sentou no meio do quarto e chorou. Ele estava horrorizado, com receio de quebrar os brinquedos, e ficou paralisado pelo medo que sentia.

O garoto contente foi colocado em um cômodo quase vazio. Não havia jogos ou brinquedos. Apenas uma pilha de estrume de cavalo. O fedor era avassalador e praticamente insuportável.

O conselheiro estava completamente despreparado para a reação do garoto contente. Ele imediatamente correu para dentro do cômodo e começou a escalar e cavar a pilha de estrume. Ele pulava pelo quarto e jogava estrume para todo lado.

O conselheiro olhou com espanto e finalmente perguntou:

— O que você está fazendo?

— Com toda essa porcaria — o garoto respondeu —, deve haver um pônei aqui em algum lugar!

Amei essa história. E sempre tentei ser esse segundo garoto. Todo mundo tem barreiras. Meu pai lutou contra o alcoolismo por anos. Eu cresci em uma pequena vila, onde muitos dos pais dos meus amigos passavam horas labutando como lenhador ou agricultor. Eu tive parentes que lutaram contra a depressão. Minha mãe e sua irmã não se falam há anos. (Você tem de dar um jeito nisso, mãe. Talvez quando esse livro for publicado...) E eu tenho câncer.

Há tempos sou um seguidor da ideia de que não se trata do obstáculo que você enfrenta, mas como você tenta superá-lo. E a superação de obstáculos pode te ensinar mais do que um trecho plano de estrada. Você aprende a lutar, a entrar na batalha pelo que você quer.

A primeira batalha que me lembro de ter enfrentado foi durante as peneiras do Port Leyden, o time de beisebol da fazenda. Pequenas cidades têm peneiras. Nem todo mundo joga. É apenas uma questão de logística porque não há tantos uniformes. Os jogadores têm de sobreviver aos cortes para conseguir uma das posições cobiçadas.

No primeiro dia dos testes, eu andava pela cidade, sozinho. Tinha uma nova luva e estava pronto para jogar. Muitos dos garotos da cidade estavam lá, mas o treinador não tinha chegado. Alguns dos mais velhos estavam fumando. Achei aquilo estranho. Não tinha nenhum desejo de fumar. Claro, eles ofereciam cigarros a todos os garotos. Eu recusei, e um deles, na mesma hora, jogou uma luva em minha cara. Doeu demais, e me afastei, constrangido. Dei de ombros enquanto ia embora. Eu sabia que gostaria muito de jogar beisebol. Mas os outros garotos, com certeza, não me queriam ali.

Dei meia-volta antes de voltar para casa. Os garotos mais velhos não podiam tirar o meu melhor. Marchei de volta para o campo de beisebol e treinei de qualquer jeito. Pratiquei todas as noites até o fim dos testes. Eu amava beisebol e estava, exatamente, onde deveria estar.

Não fiz parte da equipe naquele ano.

Embora eu tenha sido aprovado nos cortes dos anos subsequentes, não me recordo de uma única coisa das peneiras seguintes. Por quê? Porque não havia adversários significativos. Aqueles testes foram normais. Eu não tinha uma batalha para lutar.

Um campeão é alguém que se levanta mesmo sem conseguir. – Jack Dempsey

O câncer é o maior obstáculo que já enfrentei. Assim que meu médico colocou a tomografia na tela, mesmo eu, sem experiência médica, reconheci que havia algo errado com aquelas imagens. Eu não entendo completamente o nível do perigo, mas o "câncer" me mandou para uma condição de autodefesa. Fui apresentado a uma batalha na qual eu era um completo novato. Como eu poderia me tornar um paciente de câncer exemplar? Como eu poderia ajudar os médicos a me salvarem?

Eu tinha consultas de acompanhamento previstas para a primeira semana de novembro.

Eu sabia que gostaria de ir preparado, com o maior conhecimento possível, para conseguir falar a língua do médico da melhor maneira possível.

Informações do site da Sociedade Americana Contra o Câncer (ACS):

Apesar de muitos cânceres renais serem encontrados muito cedo, enquanto ainda estão confinados ao rim, outros são identificados em fases mais avançadas. Existem algumas razões para isso:

- *Esses tipos de câncer podem se tornar muito grandes sem causar nenhum tipo de dor ou problema.*
- *Como os rins estão em uma região mais funda do corpo, pequenos tumores não são notados ou sentidos durante os exames físicos de rotina.*
- *Não há recomendações para exames de tomografia para pessoas que não pertencem ao grupo de risco.*

Continuei lendo e aprendi:

- *Cerca de 1,6 milhão de novos cânceres foram detectados nos Estados Unidos em 2011.*
- *Cerca de 60.920 novos casos de câncer de rim (37.120 em homens e 23.800 em mulheres) aparecerão.*
- *A média de idade das pessoas diagnosticadas é de 64 anos.*
- *O câncer de rim é incomum em pessoas com menos de 45 anos, e acontece com maior frequência em pessoas a partir dos 55 anos ou mais velhas.*
- *A média de crescimento de um câncer de rim é menos de um centímetro por ano.*

Eu encarei a tela do computador à minha frente. Como isso aconteceu comigo? Eu só tenho 42! Vinte e dois anos mais novo do que a média dos diagnosticados! E o tumor que descobriram dentro de mim? Treze centímetros em seu maior ponto. O que significava que, se ele estava aumentando de acordo com a taxa média de crescimento, ele estava crescendo dentro de mim desde meus 29. Basicamente, desde que me tornei um pai, tenho uma bomba-relógio dentro de mim.

Continuei lendo. O câncer de rim é notoriamente difícil de derrotar, ele tende a reaparecer anos depois. Câncer de rim não reage à quimio ou radioterapia. Como seria possível vencer essa batalha?

Não queria me sentir desencorajado. Eu soube — indo à minha consulta na segunda-feira, quando eles fariam algumas tomografias para descobrir exatamente com o que estávamos lidando e qual seria nosso plano de tratamento — que tinha de me sentir como um guerreiro. Queria ser o melhor e o mais agressivo paciente já conhecido. Nenhum tratamento estaria fora de cogitação. Eu entraria de cabeça nessa fase mais louca da minha vida e atacaria.

Eu era um *geek* autodeclarado por muitas razões. Uma delas é porque não tenho medo de admitir o quanto amo Star Wars. Passei horas brincando com bonecos do Star Wars quando era criança e, já adulto, pertenço à legião dos rebeldes, um grupo que se dedica a fazer caridade vestido a caráter com fantasias de personagens do Star Wars. Toda vez que penso sobre essa batalha que estou enfrentando, diálogos do meu filme favorito aparecem em minha cabeça: "Faça o que tem que ser feito"; "Faça ou não faça. Tentativa não há"; "Seres luminosos somos nós, não esta matéria bruta".

Decidi só usar camisetas do Star Wars em cada consulta médica, além disso, explicaria a cada membro da minha equipe médica o porquê. Precisava me diferenciar. Ser uma pessoa, não só o número de um paciente. Eu sabia quantas consultas sem fim essas pessoas tinham por dia. Mas Garth Callaghan? Ah, sim, o cara do Star Wars. Eles se lembrariam de mim. Eu me destacaria. Levaria uma espada luminosa para as minhas consultas se achasse que ajudaria.

Os próximos dias voaram. Eu tinha um projeto em Rochester. Uma querida amiga e colega, Kim Zirkle, gerenciava-o. Contei para ela o que estava acontecendo e lamentamos juntos. O projeto foi um sucesso, mas eu realmente não me importei. Não via a hora de chegar em casa. O que estava fazendo a 800 quilômetros, longe da minha família? Isso era insano. Eu precisava ir para casa.

Tive um pacote completo de exames na segunda-feira: outra tomografia, uma ressonância magnética e uma cintilografia óssea de corpo inteiro. Lissa e eu passamos o dia no hospital. Passei o dia deitado em várias mesas e ficando sem me mover. Ainda assim foi desgastante.

Fomos para casa. Tínhamos oito dias para esperar até nos encontrarmos com o dr. Brandford e descobrir o que de fato estava acontecendo. A espera parecia durar uma eternidade. Pelo menos, tínhamos o Dia de Ação de Graças para celebrar e nos distrair. Minha mãe chegou. Tentamos de verdade não deixar o câncer ofuscar nosso feriado. Já era difícil o bastante como o primeiro feriado sem meu pai. Mamãe queria ficar e atrasar seu plano de partida para que ela pudesse estar conosco quando recebêssemos os resultados dos exames. Mas Lissa e eu tínhamos nosso aniversário de casamento para celebrar exatamente um dia antes da próxima consulta. Eu estava determinado a comemorar como se fosse minha última oportunidade. Talvez fosse.

Finalmente, era hora de encontrar com o dr. Brandford. Dessa vez, me certifiquei de que Lissa estaria comigo. Eu precisava de uma companheira para ouvir e absorver o que estava sendo dito. Dr. Brandford se apresentou a Lissa. Nós discutimos a situação e os resultados dos exames. Meus ossos estavam limpos. O câncer não tinha se espalhado. A ressonância magnética indicava que a "metástase" vista na tomografia computadorizada provavelmente não era um câncer, mas um conjunto de vasos sanguíneos.

— Então, isso significa... — falei, tentando decifrar exatamente o que o médico estava dizendo.

— São boas notícias — dr. Brandford afirmou. — Mas, sim, você tem câncer de rim, e parece que não se espalhou. Então faremos uma cirurgia para tentar removê-lo.

Olhei para Lissa em uma tentativa de sorriso. Estava tão entusiasmado em saber que eu *só* tinha câncer de rim. Nós agendaríamos a cirurgia em breve e, se tudo desse certo, eu retomaria a vida normal em seguida.

Enquanto recolhíamos nossas coisas ao fim da consulta, peguei minha bolsa e tirei um presente para o dr. Brandford. Era um personagem de ação, um médico androide do Star Wars. Ele olhou intrigado. Expliquei:

— Esse é o cara que salva os heróis. É o seu trabalho me salvar.

LIÇÃO 19:

PERCA-SE EM UM PAÍS DO QUAL VOCÊ NÃO FALA A LÍNGUA.

Era meu primeiro dia de Ensino Médio na escola Theodor-Heus, em Göttingen. Eu tinha dezesseis anos. Não sabia alemão. Claro, eu conseguia falar algumas coisas, mas estava longe de ser fluente. Minha irmã anfitriã, Katrin, foi à escola comigo e me mostrou as redondezas. Ela se certificou de que eu saberia voltar até o ponto de ônibus. Deveria ter esperado por ela, mas minhas aulas tinham terminado mais cedo. Eu tinha certeza de que poderia lidar com isso.

Eu estava errado. Andei por toda cidade, completamente perdido. Não tinha a menor ideia de onde estava ou de como voltar para casa. Não tinha um mapa. Era uma situação desesperadora. Andei pelas ruas de Göttingen, esperando reconhecer alguém. Devo ter andando pelos arredores por mais de uma hora. Encontrei alguém que parecia familiar. Era a mãe da minha representante de sala. Ela me colocou no ônibus correto para a casa da minha família anfitriã.

Eu estava totalmente perdido. Não falava aquela língua. Não tinha um celular. Mas sobrevivi. Não há problema em se perder algumas vezes.

5.

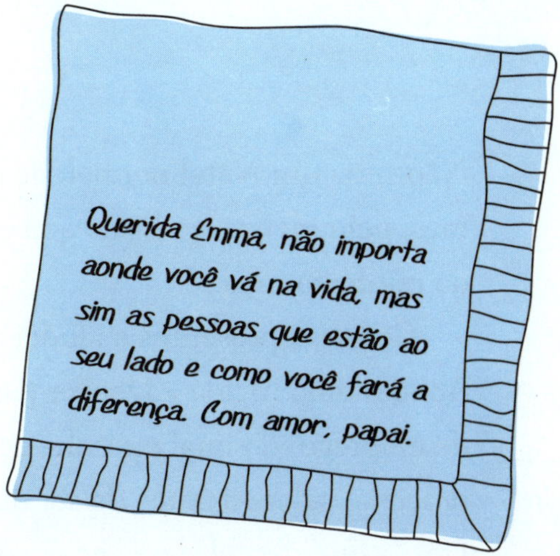

MINHA JOGADORA

Aprendi rápido como essa batalha seria um jogo de paciência. Eu só queria entrar no hospital e tirar esse câncer de dentro de mim. Em vez disso, tivemos que esperar até pouco antes do Natal. Odiei que isso ofuscasse o que normalmente seria uma época do ano tão alegre.

Minha cirurgia foi agendada para 20 de dezembro. A esperança era que corresse tudo bem, e que eu estivesse de volta em casa no dia 22.

Não seria um Natal normal, de qualquer maneira, mas, pelo menos, se Deus quisesse, estaria junto da minha família.

Comprei presentes e ajudei a decorar a casa. Até dei uma fugida a Denver para uma entrevista de emprego, do qual eu tinha começado o processo seletivo antes de ser diagnosticado. Desde que descobri o câncer, isso ganhou uma nova importância. Eu comandava a minha própria empresa e pagava pelo meu próprio seguro-saúde, e não tinha nenhuma invalidez. Achei que, se pudesse trabalhar para essa empresa, poderia proteger minha família. Não sabemos o que o futuro nos reserva, e eu queria garantir o melhor resultado para todo mundo.

Deixei claro os meus problemas de saúde para o comitê de contratação. Uma ex-colega fazia parte da comissão de entrevistas e a puxei de lado, explicando o que estava acontecendo.

— Bem, eu tenho a cirurgia agendada para 20 de dezembro. Há três possíveis resultados. Um, eu morro na mesa cirúrgica. Dois, sou operado, fico bem e vou para casa em três dias. Ou, três, a cirurgia não é bem-sucedida e eu ganho mais um ano de vida; e, nesse caso, eu não viria trabalhar para você.

Eu tive sorte em ter uma amiga lá que pudesse explicar tudo isso aos contratantes. Eles foram favoráveis e compreensíveis durante todo o processo.

Uma manhã, fiz uma pausa enquanto Lissa lavava a louça na pia da cozinha. Eu sabia o quanto tudo isso pesava sobre ela. Lissa estava tentando ser forte para todo mundo, mantendo a família em funcionamento e celebrando os feriados. Eu sabia que ela estava pra baixo. Fui até ela, a abracei forte e disse:

— Desculpe. Você não assinou por tudo isso.

Ela respondeu:

— Sim, assinei. Estava nos votos. — Ela sequer parou de lavar a louça.

Encarar isso seria muito mais difícil se eu não tivesse Lissa do meu lado.

Às vezes, gosto de brincar que se nos encontrássemos hoje, nunca nos casaríamos. Sou um nerd autodeclarado, e, atualmente, as garotas nerds que se interessam por jogos não têm medo de ser elas mesmas. Mas, nos anos 90, quando procurava por uma esposa, a única nerd jogadora de *games* que eu conhecia era minha primeira namorada. Lissa sequer assistiu a todos os filmes do Star Wars. Sacrilégio! Felizmente, eu não fiz essa pergunta a ela antes de me apaixonar.

Inicialmente, Lissa e eu tivemos um relacionamento vai e volta a longa distância. Começamos a namorar depois de nos encontrarmos em Virgínia, em uma assembleia de gerentes de varejos da empresa Circuit City. Eu morava em Syracuse, Nova York; Lissa morava em Richmond, Virgínia. Eu era jovem, 24 anos, e Lissa era uma "mulher mais velha", com seus 29. A diferença de idade entre nós realmente me incomodou. Não namoramos por muito tempo e ficamos sem nos falar por um longo período depois que eu terminei com ela. Devagar, nos tornamos amigos de novo, mas continuamos comprometidos com nossa amizade a longa distância. Até dávamos conselhos um ao outro sobre encontros. Nossa conta de telefone era ultrajante, pois passávamos horas conversando no meio da noite.

Em um fim de semana, meu melhor amigo, Ted MacCall, veio me visitar. Conversávamos sobre essa profunda amizade que eu e Lissa tínhamos desenvolvido. Eu não estava em um relacionamento sério, mas me importava profundamente com Lissa, independentemente da distância entre a gente. Enquanto discutíamos esse paradoxo, Ted disse:

— Você a ama. É óbvio.

Virei-me para ele, pronto para zombar. Então, aquela declaração me atingiu. Ele estava absolutamente correto! Como eu mesmo não pude perceber?!

De algum modo, encontrei as palavras para dizer a Lissa que eu gostaria de dar mais uma chance ao nosso relacionamento. Começamos a namorar de novo, cautelosamente. Ainda morávamos a 800 quilômetros de distância um do outro. E como um gerente de varejo, eu tinha que trabalhar quase todos os finais de semana. Lutei para me comprometer com essa crescente relação.

Alguns meses mais tarde, ouvi falar sobre uma possível abertura de vaga para gerente de produtos no escritório corporativo. A posição implicava ser responsável pela metade do *merchandising* da minha divisão, um trabalho muito cobiçado. Não se tratava somente de um potencial trabalho dos sonhos, mas isso também me levaria à mesma cidade que Lissa! Não haveria mais contas de telefone de 300 dólares ou a espera de um dia inteiro no aeroporto por um voo que nunca chegou! Eu poderia vê-la pessoalmente mais do que uma vez por mês.

Quando consegui o emprego, nos alegramos com a oportunidade que isso traria ao nosso relacionamento. Mudei-me para Richmond no fim de agosto e pedi Lissa em casamento em outubro. Começamos a planejar um casamento simples na primavera. Embora certamente quiséssemos celebrar esse evento, éramos pessoas modestas. Queríamos economizar para dar entrada em uma casa, em vez de gastar dinheiro com uma festa extravagante. Se tivéssemos um casamento simples e um jantar no jardim para família e amigos próximos, estaríamos tão casados como se tivéssemos feito uma recepção de 10 mil dólares.

O sonho do casamento simples foi uma ilusão. Não tínhamos um jardim ainda. Os pais de Lissa começaram a sugerir salas para banquetes e a nos mandar menus de degustação. A cada dia, pareciam aumentar os custos e o nosso nível de estresse.

Algumas semanas antes do nosso noivado, Lissa e eu viajamos para a casa dos meus pais para o feriado de Ação de Graças. Essa época do ano, com a minha família, só pode ser descrita como um evento que precisa ser visto. Minha mãe orgulhosamente declara o Dia de Ação de Graças como "Meu Dia!" e bate com firmeza os pulsos em seu peito, como se ela se preparasse para uma batalha. É comum recebermos visitas de 25 parentes do distrito Norte de Nova York para o dia. Múltiplas gerações se apertam na cozinha de 4,5 x 4,5 metros. A porta da cozinha é a entrada principal do jardim no quintal e é literalmente desgastada com o vai e vem das crianças. Quatro de nós sentamos em torno da mesa da cozinha para jogar cartas, enquanto nos esquivamos de tachos e panelas. Ainda convidamos pessoas que fazem parte da família por consideração, embora sejam espertas o suficiente para aparecerem perto da hora do jantar.

Minha mãe estava mexendo ou fazendo algum creme batido enquanto Lissa e eu reclamávamos como nossos planos de casamento e seus potenciais custos estavam saindo do controle. Contamos sobre o estresse das salas de banquetes. Não estávamos esperando por conselho ou qualquer ação, mas recebemos ambos.

Abaixando os utensílios e secando as mãos em seu avental, minha mãe virou-se para nós.

— Por que vocês não se casam aqui? Amanhã.

Eu encarei minha mãe. Ela estava falando sério? De imediato, falamos algumas razões pelas quais isso não seria possível.

— Não trouxemos roupa para isso. E você tem que ter uma licença para casamentos com, pelo menos, 24 horas de antecedência — resumi.

Lissa e eu balançamos nossas cabeças, em negativa. Era doce da parte dela tentar resolver nossos problemas, mas não funcionaria.

Todos nossos protestos foram exonerados. Minha mãe, imediatamente, pegou o telefone, enquanto voltava a mexer o molho, e ligou para o escrivão da cidade.

— Almeta, meu filho e sua noiva conseguem obter uma licença de casamento ainda hoje? Oh, você acabou de jantar? Ótimo. Steve pode levá-los até aí.

E lá fomos nós. Meu pai nos levou até a casa de Almeta Szewczyk e preenchemos os papéis em sua varanda lateral, que era o "escritório" do escrivão da cidade. Poderíamos nos casar no dia seguinte se quiséssemos.

Se você quer ir rápido, vá sozinho.
Se quer ir longe, vá acompanhado.
– Provérbio africano

Acordamos na sexta-feira de manhã e partimos para o shopping mais próximo, a cerca de 70 quilômetros. Escolhemos nossas bandas de casamento e perguntamos pelo desconto do "Estamos nos casando hoje". O vendedor quase não acreditou em nós, mas o convencemos e conseguimos o desconto. Quando, finalmente, seguimos para uma loja de departamento para encontrar o que vestir, fiz uma pausa.

— Realmente precisamos comprar mais roupas? Isso não vai contra nosso propósito de um casamento barato?

Lissa já tinha comprado um vestido em Richmond. Olhamos um para o outro e percebemos que estaríamos igualmente casados se vestíssemos os suéteres e jeans das nossas malas.

A volta para a casa dos meus pais foi a viagem de 70 quilômetros mais longa que eu já experimentei. Acho que não trocamos mais do que poucas palavras um com o outro. Eu sei que minhas mãos estavam grudadas no volante. Não podia acreditar que iríamos "fugir" dessa maneira. Foi tão de repente. Foi tão inesperado e espontâneo.

Enquanto fomos às compras, minha família esteve ocupada. Eles contrataram um juiz de paz, arrumaram algumas flores, ajeitaram as cadeiras e chamaram meu melhor amigo, Ted, para ser o padrinho. Eles até montaram uma árvore de Natal para deixar o cenário mais agradável.

Nós nos casamos naquela tarde. Foi uma cerimônia simples. Havia alguns membros da família, um amigo ou dois. Não foi nosso casamento ideal, mas estamos casados até hoje assim como se tivéssemos feito o que havíamos planejado por meses.

Você deve estar se perguntando como a minha família conseguiu dar conta disso tudo em um período de 18 horas. Veja, minha família não só teve o espírito de nos ajudar fazer isso acontecer, como também se organizou para arrumar as coisas. Eles eram amigos do escrivão, da florista e do juiz de paz e tinham algumas cadeiras para nossos poucos convidados porque meu pai, Steve, era o diretor funerário da minha cidade.

Nós nos casamos na Funerária Callaghan.

Não há muitas mulheres que concordariam em se casar em uma funerária. Mas esse é o tipo de mulher que Lissa é e, por isso, ela tem sido uma ótima companheira e mãe por todos esses anos. Ela não se importa com besteiras e tem aquela atitude de "vamos resolver isso". Foi com essa mesma atitude que ela enfrentou essa batalha contra o câncer. Eu me sentia tão feliz por ela ainda estar ao meu lado!

Quando o dia da cirurgia chegou, Lissa, claro, me acompanhou. Ao ser retirado do quarto pré-operatório, alguém colocou um cobertor aquecido em mim. Que sentimento mais maravilhoso, acolhedor e seguro! Eu estava mais do que pronto para aquela cirurgia. Eu estava pronto para dar um fim àquela batalha.

A cirurgia durou mais do que o esperado. O tumor tinha construído uma sólida rede de vasos sanguíneos para alimentá-lo que precisava ser extraída. Acordei no pós-operatório, mas estava dopado. Sentia-me quente e alguém aplicava uma toalha fria na minha testa e pescoço. Uma enfermeira veio e me perguntou se alguma coisa estava me incomodando. Eu, aparentemente, respondi, ao apontar para Lissa:

— Só aquela pentelha ali. — Ainda bem que eu ainda estava sob o efeito da anestesia.

Mais importante, porém, foi que então percebi que ainda estava vivo. Com sorte, esse pesadelo estaria acabado. Eu poderia voltar a ser um marido, pai, filho, irmão e funcionário. Eu já estava farto de ser um paciente.

LIÇÃO 23:

LEIA OS TEXTOS RECOMENDADOS.

Optei por frequentar um curso de Economia Europeia quando estava na Universidade Suny Oswego, em Nova York. Não me lembro mais do porquê decidi fazer isso. Eu não era muito interessado em economia e, provavelmente, ainda menos interessado em economia europeia. Apesar disso, lá estava eu. O curso tinha muitos textos obrigatórios, mas a lista de leituras recomendadas era duas vezes maior. Enfrentei as aulas e ganhei um sólido C nos exames parciais. A maioria dos meus colegas estava em uma situação similar, mas eu sentia que estava dando o meu melhor.

Decidi passar mais tempo na biblioteca e olhar o material de leituras recomendadas. Havia um monte de conteúdo que se aplicava às aulas e eu comecei a entender mais sobre o assunto em questão. Eu não me tornaria um estudante nota A em Economia

Europeia, mas ganharia, com certeza, uma nota melhor do que C.

Quando os exames finais foram anunciados, o professor nos disse que as provas seriam com consulta. Eu havia passado horas na biblioteca e feito anotações valiosas da lista de leituras recomendadas.

Haverá muitas coisas que você será obrigada a fazer. Dê uma olhada nas coisas sugeridas também. Elas talvez possam tornar as coisas mais fáceis.

6.

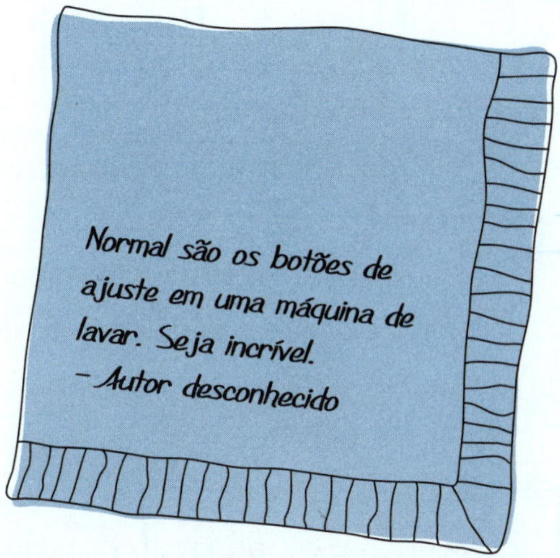

MENSAGENS COM SIGNIFICADO

Estava na cozinha, cortando cenouras em palitos. Minhas costas doíam e eu puxei um banquinho para me sentar por um momento. O dr. Brandford disse que muitos pacientes puderam retornar ao trabalho algumas semanas após a cirurgia. Eu não sei quem são esses "muitos" pacientes, mas eu mal conseguia me arrastar pela minha casa em um roupão de banho.

Tentei afastar os pensamentos negativos, mas eles se prendiam a mim como teia de aranha. Eu não tinha me recuperado como esperava e sentia dores e cansaço a maior parte do tempo. Senti-me um fracassado.

Os analgésicos me faziam dormir espontaneamente e, com frequência, quando eu acordava, continuava uma conversa que começou horas antes. Parei de tomar tais remédios uma semana depois da cirurgia. Não precisava de mais confusão na minha vida.

Lissa, Emma e eu tentamos aos poucos retornar às nossas vidas "normais". Os feriados de fim de ano já haviam terminado. Era Ano Novo. Emma retornou à escola. Lissa voltou ao trabalho, dessa vez em tempo integral e não mais meio período. Apesar do "sucesso" da cirurgia, estávamos assustados. Sabíamos que as contas médicas começariam a acumular e queríamos mais renda entrando. E, embora eu não tenha dito em alto e bom som, eu acho que nós dois, Lissa e eu, achávamos que nós dois precisávamos de um emprego estável no caso de... bem, no caso do impensável ocorrer.

Eu, definitivamente, não estava em meu estado normal e ansiava pela normalidade. À época, eu não entendia, mas minha vida nunca mais seria normal novamente. Precisávamos, constantemente, redefinir o que era "normal".

Apesar de a cirurgia ter terminado, eu ainda sentia medo de morrer prematuramente. (O que é uma morte prematura, de qualquer modo? Quem pode dizer?) Não conseguia dormir à noite. Acordava por causa das dores ou pesadelos intensos. Eu nunca tivera pesadelos violentos antes. Às vezes, a violência era imposta a mim (bandidos invadindo a casa ou atacando nossa família); às vezes, era iniciada por mim (eu socava alguém na cara ou o atacava sem piedade). Esses sonhos eram irritantes. Eu me considero uma pessoa calma.

Comecei um novo trabalho em meados de janeiro como gerente nacional de vendas para a empresa Dish Network e voei para Denver um mês e um dia após minha cirurgia. Eu realmente não estava preparado para voltar a trabalhar. Partiu meu coração deixar minha esposa e filha por uma semana. Não só isso, mas eu ainda estava me recuperando e tinha dores — físicas, mentais, emocionais e espirituais.

A semana passou rápido e voei de volta para casa, grato por rever minha família. Eu esperava viajar um pouco mais por causa desse trabalho, mas isso partia meu coração em cada uma das vezes. Apesar do fato dessa batalha contra o câncer ter terminado, aquilo me assustara profundamente. Estava agarrado à minha família, desesperado para estar com aqueles que amava. Fui informado que, apesar do sucesso da cirurgia, eu na verdade não sabia quanto tempo ainda me restava. Depois de se tornar completamente consciente de sua mortalidade, é difícil fechar a cortina de novo.

Quando as manhãs chegavam, eu era o primeiro a levantar. Sou um madrugador, aquele que gosta de apreciar o escuro da madrugada e o seu silêncio. Por isso, era eu quem, com frequência, preparava o almoço da Emma e sempre separava um momento para escrever um bilhete.

Após meu diagnóstico, eu sentava e encarava os guardanapos em branco todas as manhãs.

Embora não quisesse admitir, tinha medo de que essas notas fossem a única coisa que restariam de mim para ela um dia. Eu comecei a vê-las como uma oportunidade de expressar as lições que eu gostaria que ela aprendesse se eu precisasse sentar com ela e lhe dar um livro de "pequenas instruções de vida". Emma acabara de completar doze anos; estava quase se tornando uma adolescente. Quais tipos de problemas ela estaria enfrentando no dia a dia?

Eu sabia quão difícil poderia ser a pressão do grupo de amigos nesse período. Na verdade, nos últimos anos, comecei a repetir uma frase toda vez que eu dizia tchau para ela, não importa se em casa, ou quando saía para o trabalho, ou no carro quando era dia de levá-la para a escola. "Seja você mesma", eu dizia com um sorriso.

Não sabia por que essa frase em particular se tornou tão importante para mim. Nunca me senti confortável em ser eu mesmo, crescendo na pequena cidade de Port Leyden. Port Leyden é uma vila de 600 habitantes, pessoas que tiveram uma vida difícil. Lá, a população usa as mãos para trabalhar. São fazendeiros, lenhadores. Atletismo e pragmatismo eram valorizados. Eu era a criança esperta que gostava de ficção científica. Eu simplesmente não me encaixava.

Quando estava na sexta série, tive alguns professores que começaram a me manter sob suas asas, incentivando meus esforços acadêmicos. Tanto que, assim que cheguei ao Ensino Médio, eu era um aluno excelente. Até mesmo tive um orientador, o sr. McSweene, que me inscreveu em uma bolsa para passar um ano estudando na Alemanha. Eu nem sequer falava alemão. Nenhum dos meus pais tinha saído do país. Mas, de algum modo, eu sabia, desde que meu professor mencionou isso, que conseguiria aquela bolsa. Eu viveria na Alemanha.

E fui. Passei um ano inteiro vivendo com uma família anfitriã nos subúrbios de Göttingen. Fui de uma pequena vila de 600 habitantes, ao norte de Nova York, para uma metrópole, onde *tudo* era literalmente estrangeiro.

Isso foi decisivo para mim. Quando fui para Alemanha, comecei a ser eu mesmo. Ninguém tinha um ponto de referência sobre mim. E, de qualquer forma, eu achava que as crianças alemãs eram diferentes. Se elas fossem esquisitas, tudo bem então eu também ser esquisito. Enfim senti como se pudesse ser eu mesmo.

Não queria que Emma tivesse que esperar por muito tempo ou ter de viajar para um país estrangeiro para poder se sentir bem na sua própria pele. Então, além das minhas mensagens diárias de "seja você mesma", meus bilhetes de guardanapo passaram a abordar esse tema. Eu quero que ela confie em si mesma, que não se importe com o que as outras pessoas pensem, especialmente quando se tratar de coisas superficiais.

"Olhe para você", escrevi. Então, acrescentei, "Você sempre sabe qual é o caminho certo. É sua a escolha de tomar sempre a decisão correta".

Olhei com orgulho para o que escrevi. Era exatamente esse o tipo de sentimento que gostaria de expressar. Dizer que confiava nela, que ela tem tudo que precisa dentro de si.

Eu sabia que tinha agendado uma viagem de trabalho para o dia seguinte, então peguei outro guardanapo. Eu costumava deixar vários guardanapos para Lissa colocar na lancheira de Emma quando eu não estava. Pensava em como Emma se sentia em relação a tudo isso que passávamos em família. Escolhi um provérbio japonês que sempre significou muito pra mim: "Se cair sete vezes, levante-se oito".

LIÇÃO 27:

TRABALHE COMO GARÇONETE.

Garçons e garçonetes trabalham por gorjetas. Eles são a linha de frente para os clientes e trabalham por praticamente 100% de comissão. A atividade deles é muito ingrata. É dura, requer esforço físico, e, se querem ser pagos, precisam estar de bom humor, ser amigável, cortês, trabalhar em equipe e ser amável. Essas são ótimas habilidades para a vida e se aplicam a qualquer trabalho.

Comecei a servir mesas quando tinha vinte anos. Eu queria de verdade ser um *bartender* no verão, mas não tinha nenhuma experiência. Você sabe o que não requer muita experiência? Ser garçom. É informal. Fui contratado na hora. Ralei por todo o verão e aprendi bastante, não só sobre a indústria de alimentos, mas também sobre a vida em geral.

Ser uma garçonete ensinará você a trabalhar melhor em equipe. Você aprenderá muitas das habilidades básicas de trabalho de que precisará mais tarde na vida. Também fará de você uma pessoa que aproveita melhor os jantares. Você conhecerá os dois lados da mesa. Nunca subestimará as gorjetas.

7.

O CADERNO COM OS BILHETES DE GUARDANAPO

Após algumas semanas, eu havia estabelecido uma nova rotina de trabalho. Um dia, estava na cozinha trabalhando de casa, quando Emma chegou da escola. Ela jogou sua mochila no chão e começou a vasculhar entre seus pertences. Tirou a lancheira e eu a vi caminhar até a sala de jantar, somente a alguns passos de distância dali. Curioso para saber o que ela estava fazendo, espiei pela porta para vê-la puxar o guardanapo e rasgá-lo.

Não estava muito certo sobre o que estava vendo, mas fiquei chocado. *Quão ruim foi meu bilhete?* Pensei, tentei lembrar o que havia escrito. Talvez ela só estivesse tendo um dia difícil.

Respirei fundo e caminhei até ela. Coloquei minhas mãos sobre seus ombros e ela olhou para mim.

— O que você está fazendo, querida? Não gostou do bilhete?

Emma, confusa, franziu as sobrancelhas e então entendeu o que eu perguntava.

— Ah, não, pai, não é isso — ela disse com um sorriso. — Espere, eu já volto — ela disse enquanto corria pelas escadas. Alguns segundos depois (eu sempre me admirava com a energia dela nesses dias, já que eu ainda me esforçava para subir aquelas escadas), ela saltou de volta para baixo, segurando um caderno preto e branco. Ela o entregou a mim com orgulho.

Abri o livro. Dentro estavam meus bilhetes de guardanapo, cuidadosamente coladas na ordem.

Ela inclusive havia escrito a data ao lado de cada nota.

Meus olhos lacrimejaram. Não podia acreditar que ela separava um tempo para aquilo. Ver as mensagens reunidas, com a minha letra, e os guardanapos personalizados me fez perceber o quão importante isso realmente era para ela.

Abaixei-me e dei um forte abraço em Emma.

— Obrigado, Emma. Significa tanto para mim que você... que você as tenha guardado — eu disse, tentando manter minhas emoções sob controle. Sentei no chão e a puxei para meu colo, enquanto nós virávamos as páginas. Ao percorrer sua coleção, enxerguei mais do que uns pedaços de guardanapos. Estava olhando para o nosso relacionamento, minha expressão de amor e pensamento positivo, tudo nitidamente conectado. Foi quando eu percebi. A data do primeiro guardanapo: 6 de janeiro de 2012.

Foi o dia que ela retornou à escola depois da minha cirurgia.

Meu coração parou. Eu sabia que minha doença teve um impacto em Emma, que ela

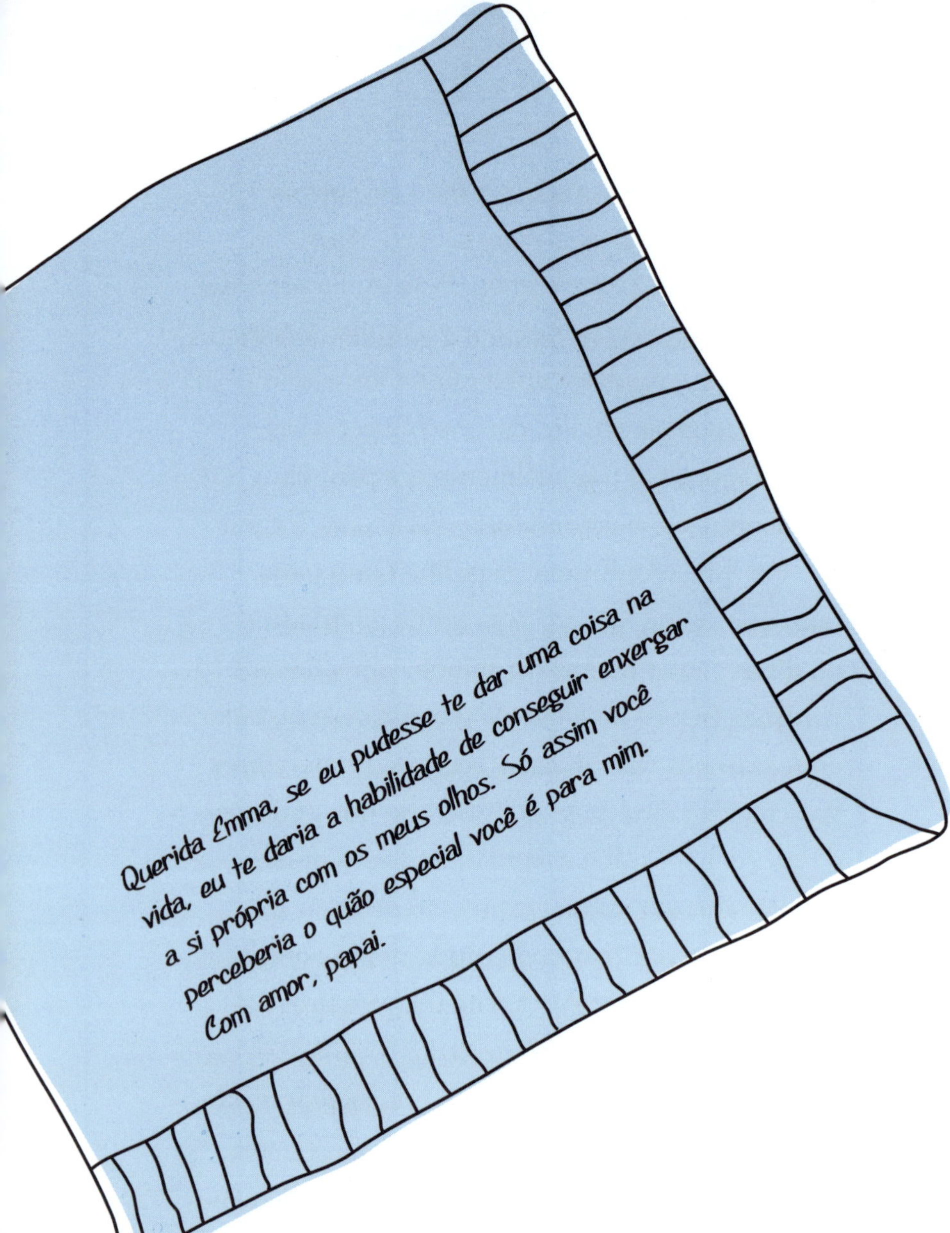
Querida Emma, se eu pudesse te dar uma coisa na
vida, eu te daria a habilidade de conseguir enxergar
a si própria com os meus olhos. Só assim você
perceberia o quão especial você é para mim.
Com amor, papai.

fez o seu melhor para entender o que estava acontecendo, mas ela só tinha doze anos.

Apertei-a.

— O que está te levando a guardar os bilhetes? — perguntei, gentilmente.

Ela se afastou.

— Nenhuma razão. Só quero me lembrar deles. — E foi para o andar de cima procurar a mãe.

Ok, talvez eu estivesse lendo demais nas entrelinhas. Ela só quis começar a guardá-los. Eu não precisava ficar todo sentimental com relação a isso.

Foi só mais para frente, quando comecei a compartilhar os bilhetes de guardanapo e nossa história, que aprendi que meus instintos estavam certos. Uma repórter do jornal local nos contatou para fazer uma reportagem.

Holly tinha, de alguma forma, se deparado com a página no Facebook que eu havia criado e achou que o que eu estava fazendo garantiria uma matéria de estilo de vida. Ou, pelo menos, o editor dela achou. Emma e eu demos uma entrevista juntos por telefone, em duas extensões diferentes da linha. Quando estávamos contando a parte da história em que Emma compartilhou seu caderno comigo, Holly fez a pergunta que eu tinha feito originalmente, mas que Emma se esquivou:

— Por que você decidiu começar a guardar os bilhetes, Emma?

— Bem — Emma disse, com notável elegância —, nós tínhamos acabado de enfrentar o primeiro diagnóstico de câncer e a primeira cirurgia. Eu não entendia, realmente, o que estava acontecendo, mas estava bastante preocupada. Só sabia que gostaria de ter um pedaço dele comigo.

Naquele momento, fiquei tão feliz por Emma não estar no quarto comigo. Eu segurava minhas lágrimas, com o coração partido por ela ter percebido que poderia me perder. Eu tinha a esperança de proteger minha filha do meu maior medo, mas ela estava muito consciente de tudo e minhas mensagens haviam sido algo para ela se apegar, como se me mantivesse por perto, independentemente do que acontecesse.

LIÇÃO 29:

APRENDA A FAZER UM COQUETEL PERSONALIZADO.

Eu fui *bartender* nos meus dois últimos anos de faculdade. Não só adquiri habilidades em atendimento ao cliente, como também aprendi a fazer bons coquetéis. Clássicos. Não aquelas porcarias que os restaurantes familiares fazem hoje em dia e batizam com seu nome. Tradicionais *manhattans*, martínis, *whiskey sours*, *sidecars* — os clássicos.

Sim, você deve aprender a tirar um chope e distinguir vinhos, mas fazer coquetéis é uma arte. É sempre algo que pode ser usado em situações de sociabilidade.

Por que isso é tão importante? Fazer um coquetel é muito mais do que álcool e uma coqueteleira. É o começo de uma conversa. Suas mãos e mente estarão ocupadas, mas você terá tempo para ouvir. Você dará aos seus amigos a oportunidade de se sentar e conversar com você.

Talvez seja preciso cortar algumas frutas ou pegar gelo. Tudo isso leva um tempo, enquanto você e seu amigo podem relaxar e desfrutar da companhia um do outro.

Vodca Gimlet, por Garth

1. Dissolva uma dose de açúcar em uma dose de água.
2. Adicione a mesma quantidade de suco de limão ao xarope que você fez no item anterior.
3. Misture com vodca e gelo em uma coqueteleira.
4. Adicione a gosto xarope de limão puro. Deve tingir a bebida ligeiramente.
5. Despeje, coe o resto do gelo e aproveite!

Cinco coisas importantes para se lembrar:

- Use ingredientes de qualidade.
- Leve o tempo necessário.
- Faça o melhor.
- Escute.
- Converse.

SEGUNDO ROUND

Os home runs[2] *de ontem não ganham os jogos de hoje.*

— Babe Ruth

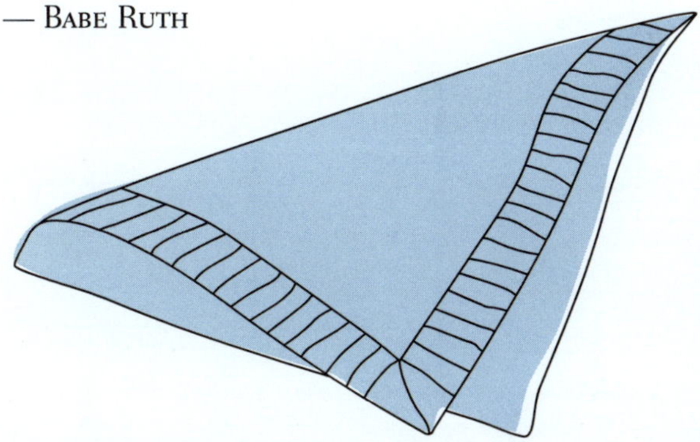

2 Façanha no beisebol em que a bola é rebatida para fora do campo e o rebatedor percorre as quatro bases sem impedimento do adversário. (N.T.)

8.

A PRÓSTATA É COMO PIPOCA

Foi só quando tive a Emma que fui capaz de compreender a fundo minha mãe. Minha mãe sempre foi o que você deve chamar de superprotetora. Você conhece Maria, a mãe no seriado *Everybody Loves Raymond*? Essa é minha mãe. A própria.

Sou o primeiro filho e recebi a maior parte de sua superproteção. Por isso, sempre a mantive distante. Não contava para ela nenhum detalhe porque ela sempre queria mais. Quando lhe contei sobre a oportunidade da bolsa de estudos para passar um ano na Alemanha, ela rompeu em lágrimas porque eu tinha a possibilidade de partir. Agora que eu tenho a Emma, consigo entender a reação dela. Eu gostaria que minha filha de 16 anos passasse um ano sozinha do outro lado do mundo? Claro que não!

Mas a paternidade é sobre aprender a deixar partir e focar no que melhor moldará seu filho. Viajar para o exterior é um curso intensivo de crescimento. Perceber a importância de encorajar a si mesmo. Sair da sua zona de conforto e como isso, de fato, o ajuda a crescer e mudar. Aquele ano na Alemanha me modificou para sempre. Não só me permitiu, enfim, sentir-me confortável com quem eu realmente era, mas também abriu meus olhos para o fato de que sempre há dois lados em tudo. A Alemanha era totalmente diferente dos Estados Unidos e, se por um lado passei por um choque cultural logo quando me mudei, também tive um choque cultural quando voltei para casa. Os carros eram maiores; as pessoas, mais barulhentas. Essa experiência me tornou diplomático. Agora, sou capaz de ajudar as pessoas a verem o outro lado das coisas.

Meus pais poderiam ter dito não, apesar de eu ter recebido uma bolsa completa. Não disseram. Estava fora da zona de conforto deles, mas eles confiaram em mim. Eles sabiam que aquilo era algo de que eu precisava. Incutiu uma autoconfiança que carrego comigo até os dias de hoje.

Eu sabia que era duro para minha mãe me apoiar durante essa luta contra o câncer. Ela ainda estava de luto por seu marido. E agora seu filho estava enfrentando um câncer? "Os Callaghan estão tendo um ano realmente ruim", um dos vizinhos disse. Aquilo era eufemismo.

Minha mãe e eu entramos em um relacionamento de responsabilidade mútua. Ela estava preocupada comigo e em como me recuperava. Eu, finalmente, me permiti aceitar seus cuidados. E eu estava preocupado com ela, a quilômetros de distância, em luto por seu marido, com o qual viveu 40 anos, e morando sozinha em uma casa enorme. Eu ligava para ela todos os dias, não para conversar, mas para me certificar de que ela não tinha caído ou a casa explodido. Odiava o fato de não conseguir cuidar dela, de tão longe. E de que grande parte da minha energia estava focada na minha saúde.

Como qualquer um que já foi diagnosticado com câncer sabe, mesmo que você o tenha "derrotado", você sempre fica à procura de uma reincidência. Minha nova normalidade incluía uma rotina de exames adicionais e visitas a médicos. Eu deveria fazer uma tomografia computadorizada a cada seis meses para descartar qualquer outro câncer renal e fui apresentado a um nefrologista, cujo trabalho era manter meu rim remanescente saudável. Meu nefrologista e meu urologista pareciam estar cadastrados em meu telefone entre os contatos para discagem rápida.

Em maio, era hora do meu primeiro *check-up* semestral. Dr. Brandford, meu urologista, comentou que meu PSA (Antígeno Prostático Específico) estava um pouco alto. Na verdade, para um homem na faixa dos 40, era alto o suficiente para ser preocupante. Além disso, minha tomografia mostrou uma próstata ligeiramente alargada. Sempre me perguntei como eles medem isso. Nós não sabíamos qual era o tamanho antes do exame, então o que "ligeiramente alargada" significa?

Dr. Brandford não queria que eu ficasse alarmado. Ele sugeriu que eu devia estar com uma infecção e prescreveu alguns antibióticos. Nenhum dos números melhoraram. Sua próxima sugestão foi uma biópsia da próstata.

Eu estava cauteloso em relação a qualquer biópsia. Meu pai tinha acabado de falecer após uma biópsia desnecessária em seus pulmões. Não havia vivenciado uma durante meu diagnóstico anterior e o procedimento parecia bastante invasivo. Mas eu sabia que era o melhor passo a se tomar. Esperávamos que tudo estivesse limpo e eu pudesse continuar no meu caminho, feliz por mais seis meses. Então, eu começaria meu novo ciclo pela procura por algum câncer. Porém procurar por um câncer era muito melhor do que viver com um.

No dia da biópsia, Lissa me levou para o laboratório porque eu não estaria em condições de dirigir de volta para casa. Junto, nos sentamos na sala de espera, folheando revistas, tecendo pequenos diálogos. Era como se estivéssemos apenas lá, numa boa.

Quando chegou a hora do procedimento, conversei com a enfermeira Kaky enquanto esperava as coisas começarem. Descobri que ela era vizinha de uma colega minha. Foi estranho ter essa conversa casual em um ambiente onde eu esperava para ser violado por essa biópsia.

Não demorou muito e, em seguida, eu já estava a caminho de casa. Mas não posso dizer que foi um processo fácil. Mais uma vez eu senti como se o médico estivesse minimizando a maneira como cada procedimento seria. Será que eu era um covarde ou eles minimizam o processo porque, caso contrário, nenhum homem em sua sã consciência se submeteria a isso?

Foi só um ano depois, quando um colega de trabalho puxou um grampeador vermelho da marca Swingline da sua mesa, que eu percebi que essa ferramenta mundana de escritório oferece o modo perfeito para descrever esse procedimento.

Como executar uma biópsia de próstata:

Depois que o paciente estiver deitado de lado, aplique lubrificante médico KY enquanto joga conversa fora.

- *Primeiro passo: pegue um grampeador Swingline e abra-o.*
- *Segundo passo: insira o grampeador no reto do paciente e explore os arredores. (Há um aparelho de ultrassonografia no grampeador para navegação.)*
- *Terceiro passo: dispense um grampo na parede do reto próximo à área da próstata. Esse primeiro grampo terá a anestesia local. O barulho fará o paciente pular da mesa. Você deve firmá-lo com uma de suas mãos no quadril do paciente. Não o deixe fugir nesse ponto.*
- *Quarto passo: continue usando o grampeador até você ter doze amostras da próstata.*

Além do difícil procedimento, quando a enfermeira Kaky revisou minhas instruções pós-operatórias, ela disse que era possível surgir um pouco de sangue na minha urina por alguns dias. (*Eu já não tinha percorrido essa estrada antes?* Pensei.) Meu sêmen também ficaria com uma coloração rosa por cerca de um mês, "a não ser que você faça como coelhos".

Ok. Obrigado.

Quando você chegar ao fim da sua corda, dê um nó e aguente firme.
– Provérbio norte-americano

Mais uma vez esperamos alguns dias até receber os resultados, somente para descobrir que os dados eram inconclusivos. A maioria das minhas amostras estava clara, mas havia algumas células com Proliferação Acinar Atípica (ASAP, da sigla em inglês). Essas células não eram cancerígenas, mas o laudo pedia uma nova biópsia. Eba!

Esperei três meses até curar as feridas e enfrentei o mesmo procedimento, mas com duas diferenças. Dessa vez, o dr. Brandford retirou vinte amostras e eu insisti em algum tipo de sedativo.

Estávamos em agosto, no final do verão. Apesar das incertezas sobre minha saúde, fizemos o melhor para aproveitarmos um pouco das férias em família e passamos inúmeras horas na piscina. Tentávamos fingir que tudo estava normal. Tínhamos a esperança de continuar nesse caminho indefinidamente.

Mais uma vez sentamos no escritório do dr. Brandford, um lugar que estava se tornando desconfortavelmente familiar. Uma das enfermeiras me deu um questionário para preencher. O questionário continha várias perguntas sobre minha saúde urológica e sexual. Por que eles queriam que eu preenchesse essa pesquisa? Eu sabia que tinha câncer. Só não tinha certeza o quão ruim isso era. Perguntei-me se Lissa pensou a mesma coisa, enquanto ela me assistia preencher o formulário.

O dr. Brandford entrou e abriu meu arquivo.

A notícia não era tão ruim. (Ah, como nosso medidor de bom e ruim é jogado fora na luta contra um câncer.) A maioria das amostras estava limpa. Uma delas tinha células cancerígenas. Elas pareciam crescer devagar e, como tínhamos 32 amostras com as duas biópsias, era provável que fosse um pequeno câncer.

— Então, o câncer de rim se espalhou? — perguntei, confuso. Queria entender exatamente com o que estávamos lidando.

Dr. Brandford negou com a cabeça. A área dessas células atípicas estava muito longe do rim. Era câncer de próstata.

Meus olhos se arregalaram. Estava com câncer de novo. Mas não era sequer uma consequência do meu câncer anterior. Esse era um câncer totalmente novo. Que diabos estava errado comigo?

Dr. Brandford me entregou uma pilha de papéis.

— Eu sei que você vai querer ler e aqui há bons lugares para começar.

Havia inúmeras opções de tratamento com as quais eu poderia prosseguir. Nós agendaríamos consultas com um novo especialista e avaliaríamos.

Segurei o papel bem apertado enquanto caminhava até o carro em silêncio. Tentei fazer uma cara de coragem no consultório para receber a notícia com uma atitude de "eu posso lidar com isso" e um sorriso. Assim, ele saberia que eu estava pronto para lutar de novo.

Então, Lissa e eu chegamos ao nosso carro. Sentei no banco do passageiro e Lissa não conseguia colocar a chave na ignição. Uma única lágrima rolou pela minha bochecha direita.

Lissa pegou minha mão. Balancei a cabeça. Não conseguia sequer olhar para ela.

— Desculpe, Lissa, mas não estava pronto para isso. Estou realmente desapontado.

Eu a senti apertando minhas mãos. Sabia que isso estava partindo o coração dela também.

Não havia outro jeito de enfrentar isso. Era hora de voltar ao campo de batalha. Mas eu não me sentia como um guerreiro. Não estava pronto para essa batalha. Não havia me recuperado da luta anterior.

Como poderia proferir essas palavras a Emma?

Naquela noite, eu sentei com ela. Tudo estava calmo e nosso dia chegava ao fim. De alguma forma, eu tinha que explicar que tinha câncer novamente. Mas, ao fazer isso, precisava falar sobre a próstata, algo que eu não estava ansioso para fazer com minha filha de treze anos. Nervoso, estraguei tudo. Disse a ela que estava com câncer de novo. Deveria ter começado a conversa com "Estou bem, não estou em perigo imediato". Emma é uma criança esperta. Ela escutou a palavra "câncer" e saltou à frente. Ela começou a chorar e eu a segurei com força. Eu ainda estava aprendendo a falar com ela sobre câncer.

Tentei explicar que não havia realmente tanto câncer lá. A próstata era do tamanho de uma noz e somente uma pequena proporção das células estava problemática. Queria descrever o processo da biópsia e o que descobrimos. A próstata era como uma grande tigela de pipoca, expliquei a ela. Os grãos de pipoca representam o que está normal, células saudáveis de próstata. Imagine se tivesse alguns M&M's jogados na tigela. Quando eles fizeram a primeira biópsia, eles não acharam nenhum M&M, só pipoca, mas eles puderam afirmar que havia chocolate em algum lugar daquela tigela. Na segunda biópsia, eles de fato encontraram um M&M, então sabiam com o que estavam lidando. Mas, de verdade... Eu tinha muito mais pipoca. Nem tantos M&M's.

Não foi uma boa analogia. Eu talvez tenha confundido mais do que esclarecido as coisas.

Reiterei que o médico tinha certeza de que eu não estava em perigo imediato e que muitos homens desenvolvem algum tipo de câncer de próstata conforme envelhecem. Expliquei que havia muitas opções de tratamento que poderíamos considerar. Eu faria o que fosse preciso para lutar e vencer. Nos abraçamos.

Finalmente, ela olhou para mim e disse:

— Você merece se livrar disso.

Eu não podia concordar mais.

LIÇÃO 30:

NÃO TOME SORVETE A NÃO SER QUE SEJA SEU SABOR FAVORITO.

Eu sei que esta é difícil de aceitar. Você ama sobremesa. Especialmente sorvete. Eu amo sorvete. Entendo você. É maravilhosamente suave e gelado e alimenta o espírito. Entendo. Uma bola do nosso favorito sorvete tem cerca de 500 calorias. Mesmo que fossem somente 400, é muita porcaria para o nosso corpo. Você me conhece. Com qual frequência eu levo você e a mamãe até a Gelati Celesti e saio de mãos vazias? É até comum. Eu só comerei meus sabores favoritos. Não vou desperdiçar minhas calorias com um sabor que não gosto. Eu tenho que amá-lo.

9.

PREPARAR. FOGO! APONTAR.

Eu sentei, olhando para a frase que eu acabara de escrever com caneta preta no guardanapo para Emma. Era o primeiro dia de aula e minha prática estava recomeçando também. De vez em quando, eu ainda tinha a oportunidade de escrever em guardanapos para Emma mesmo durante o verão. Às vezes, ela ia a um acampamento de um dia, onde ela precisava levar um lanche. Se ela estava indo a um treino de beisebol, eu colocava em sua garrafa de água ou furtivamente em sua mochila. Mas nunca era com a mesma consistência da rotina diária do ano escolar.

Emma estava prestes a começar a sétima série. Ela crescia tão rápido. Mas o bilhete que escrevi aquela manhã, embora fosse algo que a beneficiaria, foi realmente escrito para mim. Não se sentir preparado para uma batalha era um sentimento nada familiar. Sempre fui alguém com atitude. Seja lutando por Lissa, procurando pela próxima oportunidade de emprego, garantindo que minha filha tivesse a melhor educação e o almoço mais saudável, eu sou uma pessoa que age. De fato, mudei de propósito a frase "Preparar, apontar, fogo!" porque acho que, às vezes, passamos muito tempo apontando, certificando-nos de que tudo está perfeitamente alinhado. Quando, na verdade, o que a gente precisa é agir.

Vivi minha vida sendo aberto a novas oportunidades e sempre procurando por uma nova porta por onde passar. Com frequência direi *sim* para coisas que eu *não* tenho o direito de dizer *sim*.

Mas se você está sempre dizendo *não*, você estará sempre perdendo alguma oportunidade. Algumas das melhores coisas que aconteceram para mim não foram planejadas, mas aconteceram porque eu estava disposto a dizer sim.

Minha batalha contra o câncer foi a mesma coisa. Todos meus médicos sabiam que eu gostaria de receber o tratamento mais agressivo. E eu queria que eles continuassem procurando pela próxima coisa que funcionaria. Se houvesse um pingo de passividade em um médico, eu procuraria qualquer outro. Eu precisava de um guerreiro, alguém que me conduzisse à batalha, me inspirando a tomar o comando.

Houve poucas vezes na minha vida em que eu me arrependi dessa minha característica. Eu me lembro claramente de uma.

Sempre incentivei meus funcionários a irem a entrevistas de emprego, mesmo que estivessem felizes em seus postos atuais. Ir bem em entrevistas é uma habilidade que se aprende. O único jeito de melhorar nisso é você participando delas. E o único jeito de fazer isso é se candidatando a um emprego. Ou, pelo menos, responder a opções interessantes que apareçam no seu caminho. Uma vez, um recrutador virou para mim e perguntou se eu estava procurando por um novo emprego. Eu disse "Não necessariamente, mas sou todo ouvidos". Em outras palavras, estou aberto para as oportunidades que apareçam no meu caminho.

Um pouco antes da Emma nascer, comecei a prestar atenção em outras oportunidades de emprego. Por sorte, surgiu uma vaga na empresa Staples. A Staples ficava fora de Boston, e eu esperava pela oportunidade de me mudar para aquela região. Eu amava Lissa e nossa vida em Richmond, mas estava longe do restante da família e nunca realmente imaginei que moraríamos lá permanentemente. Eu não estava certo sobre como Lissa se sentiria a respeito do desenraizar de nossa nova família e de se mudar para New England, mas apenas fui à entrevista. Poderíamos enfrentar a decisão, caso uma oportunidade de trabalho se apresentasse.

Minha entrevista por telefone com a gerente responsável pela contratação foi agendada para um domingo à noite. Foi uma entrevista fantástica que durou mais de uma hora e meia. Conversamos longamente sobre as práticas de varejo, os desafios que as duas empresas, Circuit City e Staples, enfrentavam no mercado, o ambiente de trabalho na Staples, e até tivemos tempo para discutir nossa motivação pessoal. Eu amei seu estilo de gerenciar.

Não me surpreendi em receber uma ligação no dia seguinte do departamento de recursos humanos, perguntando se eu poderia pegar um voo para as próximas entrevistas. Eles estavam tentando agendar um voo para mim naquela quarta-feira. Seria um bate e volta. Eu voaria de manhã, me encontraria com alguns comerciantes da equipe, almoçaria com a gerente contratante, faria mais algumas entrevistas e então voaria de volta para Richmond no começo daquela noite. Eu estava animado.

Comecei a plantar a semente no trabalho para dizer que não trabalharia na próxima quarta-feira. Meus colegas sempre fazem piada toda vez que alguém aparece no trabalho de terno. O pressuposto era que essa pessoa iria a uma entrevista em algum outro lugar. Não ocorria com frequência, mas eu já tinha visto o suficiente para saber que um terno despertaria suspeitas. Eu estava um pouco receoso em tirar o dia livre, sem planejamento, mas, pelo menos, estaria em uma cidade diferente, enquanto meus colegas estariam em Richmond.

Ao trabalhar na terça-feira, notei que havia uma quantidade de tarefas nada usual para algumas pessoas na minha equipe. Blaine era o gerente do meu chefe e, ele e Danny Bird, meu colega, estavam correndo como loucos. A título de curiosidade, perguntei para alguém o que estava acontecendo.

— Ah, eles estão indo a Boston amanhã para uma reunião de última hora com a Road Runner — foi a resposta.

O-oh. Isso certamente poderia encrespar meus planos. O aeroporto de Richmond não era assim tão grande. Não havia tantos voos de e para Boston. Tinha certeza de que iria encontrá-los.

Precisava descobrir os detalhes da viagem deles. Decidi ir diretamente até Danny e perguntar o que ele faria no dia seguinte. Quando ele falou sobre o plano deles de voar para Boston por um dia, eu, timidamente, admiti que tinha um plano de viagem similar e estava, de algum modo, preocupado em encontrar com o Blaine durante a viagem. Danny e eu comparamos nossos itinerários. Felizmente, nossos voos matinais tinham uma diferença de vinte minutos e os portões eram suficientemente longe um do outro, o que me deixou confiante de que conseguiria evitar um encontro com os dois.

No entanto, estávamos no mesmo voo de volta, à noite. Esse seria um dia de entrevistas desastroso. Repentinamente, fiquei muito nervoso.

Acordei na quarta-feira e fui até o aeroporto. E, da mesma forma como não vi Blaine ou Danny, também não vi o interior do avião. Meu voo estava atrasado... e atrasado... e atrasado.

Liguei para a equipe da Staples para informá-los que eu estava muito atrasado e eles ajustaram o horário da minha entrevista. Quando finalmente cheguei em Boston, eles tinham uma van de traslado esperando por mim, e segui até Framingham. Estava tão tarde que eu já havia perdido as entrevistas da parte da manhã planejadas para mim. Fui levado à cafeteria e devorei algo para comer. Estava pronto para começar.

Ao ir para a primeira entrevista, expliquei a minha situação à representante dos recursos humanos: que eu estaria no mesmo voo de volta para Richmond com meu chefe e gostaria de evitar essa situação a todo custo. Ela riu um pouco e assegurou que a Staples faria o possível para me levar ao aeroporto antes que o planejado e a tempo de agendar um voo mais cedo.

A entrevista pessoalmente foi ainda melhor que a por telefone. Com certeza, eu queria aquele emprego. Só teria que convencer Lissa que aquele seria um grande passo para nós. Ela sempre amou me visitar em Boston, mas nunca realmente vivenciou um inverno em New England. Esse seria nosso grande desafio.

Assim que a entrevista terminou, me apressei para o aeroporto. A Staples reagendou meu voo e eu estava pronto para partir. Minhas esperanças evaporaram quando caminhei até o terminal. Todos os voos da região do Médio Atlântico estavam atrasados. O que estava acontecendo? Havia uma trovoada massiva vindo de Nova York sentido Virgínia. Todos os voos estavam atrasados e, pior ainda, meu voo havia sido cancelado! Sim, adivinhe. Fui automaticamente reagendado para o meu voo original e eu estaria no mesmo avião que Blaine e Danny. Não podia acreditar nisso. *Com certeza absoluta serei demitido,* continuei pensando.

Andei ao redor do terminal pensando no que fazer. O que o meu chefe pensaria se me encontrasse ali? Eu não podia me dar ao luxo de ser demitido! Eu tinha um bebezinho em casa. Comecei a me questionar o porquê fui a essa entrevista de emprego. Meu trabalho atual não era bom suficiente? Eu estava procurando algo melhor? Por que eu disse sim a isso? Rapidamente, tudo aquilo estava me deixando louco.

Decidi ligar para Lissa. Eu me desculpei com ela por nos colocar nessa situação maluca e perguntei o que deveria fazer. Enquanto a ouvia, tentando me acalmar, assegurando que tudo ficaria bem, Blaine e Danny passaram bem na minha frente. Meu coração parou. Mas eles continuaram andando. Eles sequer notaram que eu estava lá. Felizmente, estava vestido como qualquer outro homem de negócios no aeroporto, mas sabia que isso não duraria muito. Assim que estivesse no nosso portão de embarque, eles me veriam.

De repente, percebi o que deveria fazer. Encerrei a ligação com Lissa, pulei em um táxi e fui a Boston. Entrei em uma loja de esportes e, após alguns minutos, comprei *shorts*, tênis, um boné de beisebol e uma camiseta do time de futebol americano Patriots. Coloquei meu terno na sacola de compras e voltei para o aeroporto. Então, comprei uma edição do jornal *The Boston Globe*. Era um jornal largo e, quando aberto, poderia facilmente me esconder. Pelo menos eu estava vestido com roupas casuais e poderia explicar que estava em Boston por motivos pessoais, caso fosse pego.

Sentei-me fingindo ler meu *Boston Globe*, minha mente ainda rodopiando. Decidi que precisava de ajuda. Fui até o balcão de *check-in* e contei minha história para os dois caras que estavam trabalhando lá. Eles riram da minha situação.

— Eu aposto que você disse que estava doente para poder vir até aqui, não disse? Com certeza você será demitido! — um deles disse.

Eles claramente viram o dia com humor, mas eu não estava achando nada engraçado.

Finalmente, eles pararam de rir e um deles perguntou:

— Então, por que você está nos contando isso?

Expliquei que precisava de uma ajuda para sair dessa saia justa. Tinha uma ideia. Gostaria de ser um passageiro "portador de necessidades especiais". Eu estava bem na última fileira do avião. Se eu entrasse primeiro, poderia me esgueirar para a última fileira e me sentar sem levantar suspeitas. Eu entraria no avião primeiro e sairia por último. Se os garotos no portão de embarque me ajudassem, seria capaz de chegar em casa sem ser visto.

Os dois ficaram felizes em ajudar. Um deles até mencionou que abriria a porta da aeronave e acenaria para mim, antes mesmo do início do anúncio para o embarque de passageiros que precisam de assistência especial. Finalmente, estava seguro!

Sentei de volta e comecei a esperar. Os dois rapazes do balcão continuaram olhando para mim, de tempo em tempo, e rindo. Quando olhei novamente, eles acenaram. Levantei cautelosamente e olhei os arredores do portão. Não havia nenhum sinal de Blaine ou Danny. Eu ainda estava limpo. Andei até o balcão.

— Ok, sr. Callaghan — disse o agente —, seu plano é bom. Você pode entrar no avião primeiro e sair por último ou pode entrar por último e sair primeiro.

Ainda não tinha entendido direito o que ele queria dizer até ele me entregar uma passagem da primeira classe. Agora eu me sentaria na poltrona 1B. Poderia entrar por último, bem depois que Blaine e Danny estivessem em seus assentos. Uma vez que pousássemos, eu me apressaria e estaria à frente deles. Que presente!

Estava prestes a iniciar minha terceira hora de aeroporto. Tinha lido todos os artigos do jornal, mas ainda não tinha visto Blaine e Danny novamente. Deviam estar pegando alguma coisa para comer. Os dois no balcão ainda riam de vez em quando. Mais uma vez, um deles acenou para mim. Pensei "o que mais pode acontecer?".

Ele mencionou que o voo continuava bastante atrasado e ainda poderia ser cancelado. Fiquei ali pensando que eles estavam me dizendo que não chegaria em casa. Em vez disso, ele me perguntou como era o nome do meu chefe. Comecei a explicar que Blaine, na verdade, era o chefe do meu chefe, mas percebi que ele não precisava desse nível de detalhes. "Blaine Altaffer é meu chefe". Seus dedos dançavam furiosamente sobre o teclado. O outro agente do portão inclinou-se e perguntou:

— O que você está fazendo?

Ele respondeu que o tempo ainda estava prejudicando os voos e que o sr. Altaffer estava prestes a ser deixado de fora. Isso era inacreditável! Não podia acreditar nisso. Eles não só me ajudaram colocando-me na primeira classe, mas também deixariam Blaine de fora do voo para me manter seguro! Que dia!

Cheguei em casa são e salvo sem ser descoberto.[3]

Faça do obstáculo seu trampolim.
– Autor desconhecido

Sorrio ao me lembrar desse momento ridículo da minha vida, quando eu temia estragar tudo e estar prestes a ser despedido. Naquele momento, não senti que minha personalidade do tipo "eu posso", "faça acontecer", "conquiste tudo" fosse um benefício; me caía como um peso. As coisas sempre dão certo. Por que eu não me lembrava disso enquanto encarava o câncer? Não me lembrava do quão abençoada minha vida fora? Não me lembrava de que, com fé, haveria um caminho

3 Obs.: Aconteceu que Blaine ficou impaciente e já estava em um voo sentido Norfolk. Ele deve ter planejado dirigir do aeroporto até Richmond. Recebi a proposta de emprego da Staples alguns dias depois. Embora eu estivesse realmente empolgado com a vaga, não a aceitei. Foi a melhor decisão para a minha família naquele momento. Pelo que eu saiba, Blaine nunca descobriu sobre minha viagem. Eu sempre temi contar a ele. Não acho que ele veria graça no que aconteceu. Até hoje, ainda tenho aquela camisa do Patriots, a qual considero minha primeira camiseta da sorte.

mais à frente para mim, um tratamento para lidar com isso?

Alguns dias depois, estava indo a mais uma visita ao médico. Infelizmente, eu logo descobri que, nessa batalha contra o câncer, não seria tão claro qual a melhor forma de "atacar".

LIÇÃO 31:

NÃO USE DROGAS.

Isso não é uma opção. Há substâncias legais suficientes (sem incluir ar, água e comida) que você pode colocar em seu corpo para alterar sua percepção da realidade; você não tem que experimentar coisas que são ilegais. Simplesmente não é seguro. A maioria não te matará. Admito isso. No entanto, não há nenhuma razão convincente para que uma garota esperta, equilibrada, elegante e incrível como você precise de drogas. Elas, definitivamente, não te farão mais incrível. Você não deveria usá-las, nem permitir que alguém as use.

Sua vida será determinada por suas escolhas. Escolha sabiamente. Eu realmente não tenho uma história para colocar aqui. Trata-se simplesmente de um conselho paterno.

10.

VIGILÂNCIA ATIVA

Deparei-me com esta citação algumas semanas depois do meu diagnóstico de câncer de próstata e a reservei para um dos bilhetes para Emma. Sabia, nesta manhã, que seria apropriado para todos nós. Obviamente, estávamos lidando com uma situação difícil. Todos nós precisávamos de força e perspectiva para saber como suportar isso com decência e dignidade, e com nossa família intacta.

Era hora de estabelecer um plano. Somente algumas semanas depois do meu diagnóstico inicial, em meados de setembro, voltei ao hospital para encontrar alguns especialistas. Dr. Brandford explicou que havia cinco tipos de terapia a serem considerados.

Imediatamente, descartamos a primeira opção — terapia hormonal —, já que eu era novo.

Encontrei-me com uma oncologista especialista em radioterapia para discutir duas opções de tratamento e meu histórico de saúde em detalhes. Ela estava realmente preocupada por eu ter sido diagnosticado com os dois cânceres, no rim e na próstata, em uma idade tão precoce ("Você e eu", pensei). Ela perguntou sobre minha família e qualquer fator de risco que eu soubesse. Descrevi o ambiente onde cresci e até admiti ter quebrado um termômetro quando criança, brincado com o mercúrio. Ela disse que isso não era um fator de risco. (Desculpe, mãe. Não sei se já confessei isso!) Ela anotou sobre o período em que morei na Alemanha Ocidental como um estudante de intercâmbio. Em 26 de abril de 1986, o reator nuclear em Chernobyl explodiu, liberando uma quantidade significativa de radiação. Morava na Alemanha nesse período e me lembro de todo mundo se preocupar com as frutas e vegetais que comíamos. Fui pego em uma tempestade um pouco depois desse incidente e minha mãe anfitriã praticamente me despiu e me jogou debaixo do chuveiro. A médica fez anotações especiais sobre isso, mas não sei se havia alguma coisa que pudéssemos fazer.

Quando estávamos encerrando, decidi ser direto. Olhei em seus olhos e perguntei:

— Há alguma coisa errada comigo?

Ela fechou meu arquivo e suspirou.

— Sim, provavelmente. — Ela não pôde dizer o quê, mas claramente havia algo que me fazia ter essa predisposição para os dois cânceres. Ela me pediu para ser proativo e observar os sintomas de câncer de bexiga e testículos. Praticamente me implorou para optar pela cirurgia o mais rápido possível.

Cirurgia era a quarta opção. Eu poderia fazer uma prostatectomia, que removeria minha próstata. A esperança era que todas as células cancerígenas, assim como as saudáveis, fossem retiradas. Toda a glândula seria removida.

Essa alternativa foi apresentada como a mais viável. Mas, conforme insisti e fiz mais perguntas à médica, percebei que ela camuflava os vastos, enormes e impactantes efeitos colaterais. Estava descobrindo um monte de coisas que os médicos não falam a respeito, que são muito angustiantes para um homem.

Aqui estão alguns efeitos colaterais que eu poderia vivenciar, caso decidisse fazer a prostatectomia:

- *Dano do nervo, levando à impotência.*
- *Incontinência.*
- *Mudanças no orgasmo, incluindo a falta de ejaculação. (A próstata produz sêmen, que deixaria de existir.)*
- *Encolhimento. (Sim, você leu certo: encolhimento! O procedimento corta a uretra durante a remoção da próstata e depois ela é recolocada. Alguns homens reclamam do impacto de modo bastante negativo.)*

Hum, sério? Eu deveria me inscrever para tudo isso aos 43 anos?

A média de idade do diagnóstico do câncer de próstata é 69 anos. Quando você tem quase 70, lidar com esses efeitos colaterais deve ser infeliz, mas, provavelmente, vale a pena para minimizar os riscos do câncer se espalhar. Você talvez já deva ter passado pela experiência de algum desses efeitos colaterais em decorrência da idade avançada. Mas essa não era minha realidade. Queria que esse câncer fosse embora, obviamente. Mas me comprometer a ter uma vida sem sexo? Não estava preparado para isso.

Havia outra opção que o dr. Brandford apresentou. Ele acreditava que nós tratávamos o câncer de próstata com exagero nos Estados Unidos e, especialmente no meu caso, poderíamos, ao contrário, fazer uma "vigilância ativa".

Continuaríamos monitorando meu nível de Antígeno Prostático Específico (PSA, da sigla em inglês) a cada dois meses, seguido de uma biópsia por ano no programa. Teoricamente, poderíamos continuar nesse caminho indefinidamente até encontrarmos um pico nos níveis de PSA ou um resultado positivo em uma biópsia. Embora eu não estivesse esperando ansiosamente por uma biópsia anual, esta me pareceu uma alternativa aceitável.

A questão era: eu poderia viver cada dia, sabendo que havia câncer dentro de mim? Poderia arriscar? Como isso impactaria meu bem-estar mental, emocional e espiritual? E se começasse a crescer incontrolavelmente e não o pegássemos a tempo? Eu seria capaz de me perdoar por não ter sido mais agressivo, feito todo o possível para garantir que eu estivesse por perto quando Emma precisasse? Há apenas um ano eu havia passado por uma cirurgia extensa para retirar um câncer do meu corpo. Parecia errado deixar esse ficar por aí. Parecia que eu estava fugindo da luta.

Lissa e eu consideramos todas as opções. Sabíamos que estávamos decidindo entre cirurgia ou vigilância. Em última análise, a cirurgia tinha alguns efeitos colaterais em potencial, que eu, aos 43 anos, não estava disposto a arriscar. Já tínhamos passado da fase em que eu queria ter mais filhos, mas não queria arriscar perder alguns, se não todos, aspectos do sexo. Isso estava fora de cogitação.

Embora tenha me afligido, nós decidimos entrar em vigilância ativa. Eu andaria por aí todos os dias com câncer no meu corpo. Saberia que estava lá, uma bomba em potencial, esperando para explodir e possivelmente me matar. Ataquei o câncer de rim com todas as armas possíveis, e me sentia como se estivesse acenando com a bandeira branca para o câncer de próstata.

O câncer não venceu, mas, na melhor das hipóteses, houve um empate.

LIÇÃO 34:

DEIXE SEU TELEFONE DE LADO.

Eu sei. Seu telefone é uma nova ferramenta. Mas é um objeto. Sim, te conecta com seus amigos e aqueles que você ama. Mas é um objeto. Você não precisa estar conectada o dia todo. Dê um tempo. Seja você mesma. Fique sozinha com seus pensamentos.

Quando você estiver com mais alguém, esteja presente. Dê-lhe atenção. Ouça. Deixe seu telefone de lado. Se você pode ir ao cinema, ao teatro e deixar o celular no bolso por algumas horas, você também pode oferecer essa cortesia à sua família na hora do jantar.

11.

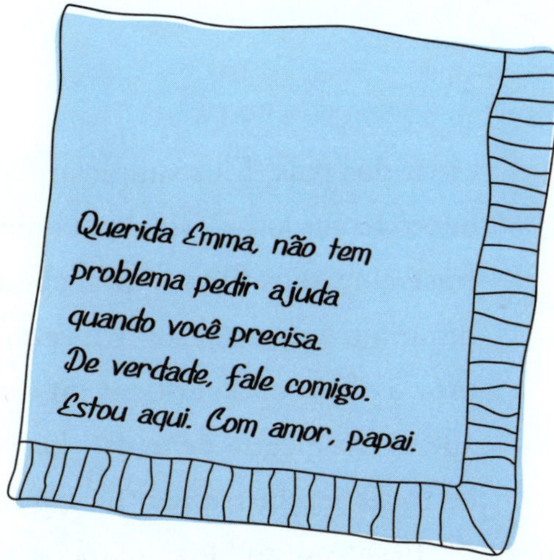

CINCO PALAVRAS QUE DISSE PARA EMMA

Fui apresentado a Rachel Macy Stafford, também conhecida como a Mama das Mãos Livres, por meio do blog chamado "Cinco palavras que você deve dizer hoje". Imediatamente, gostei muito do seu estilo parental.

Ela leu um artigo com respostas de atletas universitários quando perguntados sobre qual tipo de encorajamento e conselhos eles gostavam de ouvir dos pais. Eles simplesmente disseram: "Eu adoro te ver jogar". Rachel começou a usar esta frase com seus filhos e percebeu o quanto isso diminuiu a pressão sobre as crianças. Ela não estava oferecendo críticas ou conselhos. "Foque apenas na alegria de assisti-los praticar seu esporte ou tocar seu instrumento", ela disse.

Esse *post* do blog me tocou profundamente. Também comecei a usar a frase "Eu adoro te ver jogar" sempre que podia. Emma pratica *softball*. Sentar nas arquibancadas durante seus jogos, enquanto a assisto trabalhar com suas companheiras de equipe, me traz muito mais alegria do que já pude imaginar. Ainda mais nesses dias. Enquanto eu continuava minha batalha contra o câncer, estar em seus jogos assumiu um importante significado para mim. Não era apenas uma questão de assisti-la, mas sim a alegria que sentia ao observá-la. Também era uma forma tangível de mostrar apoio. De mostrar como eu sempre, sempre estarei ali para ela. Por todo tempo que eu estiver nesta terra.

Em uma noite, Emma ia dormir fora de casa com uma turma do seu time de *softball*. Elas não se viam com tanta frequência fora das temporadas e queriam manter os vínculos. Fiquei animado por ela. Seu time é constituído por garotas inacreditavelmente talentosas, que também são as melhores esportistas da liga. Todo mundo tem uma expectativa maior durante os jogos, até mesmo quem apenas assiste.

Fomos avisados de que a casa tinha alguns animais, e Emma pode ter reações alérgicas de tempos em tempos. Achamos que poderíamos dar uma chance. Mas Emma começou a ter problemas no começo da noite e decidimos que a melhor ideia seria Emma voltar para casa.

Deixei nossa casa às 22h para ir buscá-la. Estava cansado. Tinha sido um dia longo e, geralmente, durmo às 22h em dias comuns. Descansar é importante, mas não tão importante quanto minha filha. Dirigi os 25 minutos no escuro, sem pensar uma vez sequer no meu cansaço. Eu estava feliz em fazer essa viagem.

Emma pulou em minha caminhonete, enquanto eu perguntava se estava tudo bem. Ela respondeu:

— Eu não teria aguentado a noite toda. Obrigada por vir me buscar.

Fitei seus olhos e apenas disse:

— Eu sempre irei te buscar. — Ela meio que balançou a cabeça e eu repeti:

— Eu sempre irei te buscar.

Ela achou que eu pensava que ela não tinha me escutado e reconheceu minha declaração. Eu sabia que ela havia escutado, mas eu precisava que ela me ouvisse.

"Eu sempre irei te buscar."

Segurei a mão dela por um momento e a deixei internalizar o que acabara de dizer. Ela fez que sim vagarosamente com a cabeça, conforme entendeu. Sorriu.

Então, listei algumas das razões pelas quais viria buscá-la: um pneu furado, um encontro ruim, saudades de casa ou até mesmo um amigo que bebeu demais e não deveria estar atrás do volante.

— Eu sempre irei te buscar. Sou seu pai e estarei lá. Me ligue, sem perguntas, pelo menos até você estar segura em casa. Nunca direi não.

Não tinha percebido até mais tarde que essa frase também tem cinco palavras. E era tão significativa quanto "Eu adoro te ver jogar".

Quando disse essas palavras a Emma, estava pensando nela. Estava pensando apenas no quanto a amo e no quanto sempre estarei presente para ela, se eu tiver alguma coisa a ver com isso. Agora percebi o quanto essa declaração se equivale a como Deus deve se sentir em relação a nós.

Fui católico minha vida toda. Cresci em uma família irlandesa católica, o que significa que a maioria das celebrações girava em torno de feriados e festividades religiosas. Elas também envolviam longos torneios de jogos de cartas e várias bebidas com uísque de centeio. As folhas de pontos dos jogos de baralho foram preservadas de encontro a encontro, pois o consumo da bebida de centeio criava, com frequência, falsas lembranças das partidas. Nunca consegui gostar de uísque, mas posso me garantir em um jogo de cartas ou em uma discussão religiosa.

Port Leyden era uma cidade pequena, mas tínhamos cinco igrejas. A maior parte da cidade frequentava uma das missas no domingo. Minha primeira memória religiosa são as aulas de religião com a irmã Mary Agnes. Ela era uma freira durona e não tolerava nenhuma besteira. Se aprendíamos nossas rezas e os versículos da Bíblia, ganhávamos uma estrela de prata em nosso livro de catecismo. Se não, a punição variava de bordoada de régua nas juntas até ler a oração em voz alta repetidas vezes. Educação religiosa com a irmã Mary Agnes estava bem distante da escola bíblica de férias, com artesanato, canto e ponche de suco Tang!

Alguns anos depois da minha primeira comunhão, me tornei coroinha e ajudava durante as missas. Geralmente, havia uma dúzia de rapazes que auxiliavam o padre. Me sentia bem ajudando, mas não me sentia necessariamente fiel. Minhas ações pareciam triviais e relativamente insignificantes. Apenas conheci o que era fé quando o reverendo Mulvaney foi transferido para nossa paróquia.

Padre Mulvaney encarnava a fé. Cada palavra que ele pronunciava vinha do coração. Ele amava Deus e era seu chamado ensinar os outros sobre esse amor. Padre Mulvaney foi responsável por ensinar aos coroinhas o porquê certas ações são importantes durante a missa. Meu papel ganhou um novo significado.

Quando me aproximei do sacramento da crisma, tive que escolher um nome de crisma. Escolhi André — não por causa do Santo André, patrono dos pescadores e fazedores de corda, mas pela influência que o padre Andrew Mulvaney teve em minha vida. Cresci com minha fé e crença em Deus. Entrei para o grupo de música e me tornei ministro da eucaristia.

Apesar das aparências, lá no fundo, eu era muito teimoso para acreditar que Deus realmente tinha um papel na minha vida diária. Eu tinha livre-arbítrio e controle sobre meu destino. Parte da minha resistência tinha a ver com a minha humanidade. Eu cometia erros. Fazia maus julgamentos. Nem sempre fiz a coisa certa nem fui uma boa pessoa. Sempre fui muito egoísta, principalmente com meu tempo. Não escutava Deus me corrigindo, mas eu não estava ouvindo com muita atenção. Quando fiquei mais velho, aos poucos, parei de participar da missa e até pulava alguns domingos. No fim das contas, eu nem sequer me considerava um católico praticante.

Já adulto, muitas vezes brincava que deveria ter escolhido o nome Tomé para minha crisma, como o do "só acredito vendo". Fiz o melhor para conduzir minha família, mas tropecei com frequência. Emma só foi batizada e fez sua primeira comunhão aos dez anos. Nós entramos para um centro familiar inter-regional de educação religiosa e começamos a frequentar a missa de novo.

Quando fui diagnosticado com câncer, imediatamente adicionei meu nome à lista de orações da igreja. Infelizmente, foi como muitos dos meus amigos da igreja ficaram sabendo do meu diagnóstico: quando meu nome foi anunciado entre as pessoas que precisavam de oração para as suas batalhas contra o câncer. Ouvi a rodada de exclamações quando meu nome foi chamado. Odiava o fato de não poder contar a cada um individualmente, mas eu tinha uma batalha para lutar. Tinha uma família para tentar manter unida.

Depois da minha cirurgia, pedi ao padre da nossa paróquia para realizar uma unção dos enfermos, um dos sete sacramentos. Nunca tinha sido o destinatário desse sacramento e fui humilde quando o padre estava ali rezando e cuidando de mim. Queria sentir a presença de Deus, me assegurar de que Ele olharia por mim, mas eu tinha minhas dúvidas. No entanto, uma coisa se destacou quando ouvi o padre Dan falar com Deus sobre mim. Ele não rezou somente para eu ser curado, mas também para que os cirurgiões realizassem bem seus trabalhos.

Foi uma mudança drástica para mim. Nunca pensei sobre isso antes. Ir para uma cirurgia sabendo que as pessoas estavam rezando não só por mim, mas também pelos médicos e enfermeiras presentes naquela sala, foi poderoso para mim. Acredito que eu tinha mais fé que Deus poderia me curar por meio dos médicos do que por Ele próprio.

Tive a sorte do hospital que frequentava ser também uma instituição religiosa. Os funcionários podem escolher usar um broche nos uniformes que diz "Eu rezo". Era tão confortante ter médicos e enfermeiras zelando por mim e ter a lembrança visual de que essas pessoas também confiam em Deus.

Depois da minha cirurgia, enquanto me recuperava em casa, algumas pessoas generosas me trouxeram a comunhão, já que eu não podia ir à missa. Mas, quando me recuperei, de volta ao trabalho e com meu atestado de saudável, nunca mais voltei à missa.

Aquele que não procura não achará.
– Autor desconhecido

Quando recebi meu segundo diagnóstico de câncer, alguma coisa mudou. Eu costumava ficar bem, até ficar um tempo sozinho. Quando estava só, eu ficava bravo. Para ser honesto, sentia um fervor de raiva desde o primeiro dia que fui diagnosticado. A raiva que começou como medo. O futuro da minha família estava em risco. Eu não havia descoberto uma forma de vencer esta batalha. Não sabia o suficiente sobre a doença. E precisava de alguém para culpar.

O segundo diagnóstico levou a raiva a uma verdadeira erupção. Não estava mais sob a superfície. Tentei negociar com Deus. Não queria que Emma crescesse sem um pai, sem mim. Faria qualquer coisa, desistiria de qualquer coisa para evitar que isso acontecesse. Estranhamente, não importava quanta raiva borbulhava dentro de mim, eu ainda acreditava em Deus. Ainda sabia que Ele existia, mas eu O odiava pelo que estava fazendo comigo. Eu O odiava por causa da Emma.

Como Ele pôde fazer isso comigo? Como Ele pôde permitir que isso acontecesse?

Nosso sacerdote da paróquia, o padre Dan, enfrentou recentemente um câncer de próstata. Então, quando fui diagnosticado, decidi conversar com ele sobre sua experiência. Tinha a esperança de que ele pudesse me dar uma boa perspectiva. Estava nervoso em vê-lo. Ele sabia que nossa família andava ausente nos últimos tempos.

Sentei-me em seu escritório bem-iluminado. Foi a primeira vez que falaria com ele de modo privado. Conversamos sobre minha família e como estávamos lidando com isso. Nem falamos tanto sobre a fé em si. Mas, finamente, ele me perguntou:

— Você está bravo com Deus?.

Eu estava sentado ali, encarando minhas mãos. Como ele pôde me perguntar isso? Se eu dissesse não, ele saberia que estava mentindo. Se eu dissesse sim, seria blasfêmia. Não havia jeito de ganhar.

Ele podia ver a luta acontecendo dentro de mim. Eu me mexi no assento. Quando estava prestes a mentir e dizer não, ele falou:

— Tudo bem se você estiver. Ele tem um ombro grande o suficiente para lidar com isso.

Uma barragem se rompeu dentro de mim e comecei a chorar, lágrimas escorrendo pelo meu rosto. Fiquei grato por ter a permissão de sentir o que estava sentindo, por ter alguém como o padre Dan que me dissesse que isso era normal.

Estava tentando tão arduamente manter tudo sob controle. Minhas emoções. Meus medos. Minha família. Minha saúde.

E eu andava envergonhado por estar bravo com Deus. Por isso eu não tinha Lhe dado todo meu fardo. Carregava-o sozinho. E estava me afogando com o peso.

Significou tanto para mim receber permissão para lutar com Deus. Ser relembrado que, assim como eu sempre estarei presente para a Emma, não importa o que ela tenha feito, pois as ações dela não me farão amá-la menos, Deus se sente desse modo em relação a nós. Os tempos escuros em nossas vidas não acontecem porque Deus nos deixou, mas porque nós nos afastamos.

E a alegria que Ele vivencia quando retornamos é... inimaginável.

LIÇÃO 35:

COISAS SÃO COISAS.

Você deve amar as pessoas. Deve amar até nossos animais de estimação. Você pode amar a experiência com as pessoas. Não ame coisas. As coisas podem ser substituídas se forem quebradas ou danificadas. Pessoas não podem.

Estávamos com dificuldades financeiras no ano passado. As contas médicas estavam se acumulando. Eu continuava sendo diagnosticado com câncer e não havia um fim à vista. Não tinha certeza se seria capaz de pagar a prestação da nossa casa. Olhei ao redor no meu escritório em casa e vi coisas. Algumas eram muito especiais. Sim, até posso dizer que amo tê-las. Vi a edição limitada do Lego do Star Wars, a edição limitada do boneco do personagem Boba Fett (um em 250!), meu *Playstation* portátil, que eu comprei na data de lançamento (fui a primeira pessoa na fila), um notebook e meu iPad. Vendi tudo. Não pensei duas vezes. Coisas são coisas.

12.

SENTINDO O CHAMADO

Desde quando vi que Emma coleciona meus bilhetes em seu caderno, considerei dividir minha experiência com alguns dos meus contatos nas redes sociais. Eu poderia mostrar a outros pais como é fácil se conectar com seus filhos no dia a dia, apesar da agenda cheia deles, e como esse pequeno gesto pareceu ser importante de verdade para Emma. Mas eu estava hesitante. Não estava fazendo nada notável. Conhecia muitos pais que escreviam alguma coisa nos guardanapos, enquanto empacotavam o almoço de seus filhos.

Eu estava, sobretudo, interessado em inspirar pais a prepararem a refeição e incluírem um bilhete especial. Como eu era um pai que trabalhava o dia todo, lutava com o fato de que minha esposa passava muito mais tempo com Emma. As mensagens nos guardanapos tinham se tornado minha especialidade. Uma coisa especial que eu dividia com minha filha. Pensei que outros pais talvez gostassem da ideia.

Essa ideia permaneceu por meses, mas nunca fiz nada a respeito. Estava ocupado com o trabalho, a vida em família, minha saúde. Sem que percebêssemos, a temporada do Natal já tinha chegado. Fazia cinco meses que eu decidira "viver" com esse câncer dentro de mim. Odiava saber que mais um Natal fora contaminado pelo meu diagnóstico. Mas estávamos gratos por estarmos juntos e celebramos como em qualquer outro ano. Exceto pelo que Lissa me deu.

Vi a grande caixa embrulhada com perfeição embaixo da árvore de Natal. Estava ansioso, sofrendo por antecipação, perguntando-me o que ela me daria naquele ano. Finalmente, era minha vez e Lissa veio até mim com a caixa grande, um sorriso enorme em seu rosto.

Rasguei o embrulho. Não sou de economizar papel. Acho que quanto maior a bagunça na manhã de Natal, melhor. E lá estava ele. Um Xbox 360!

Comecei a chorar. Fui imediatamente golpeado por dois pensamentos.

Primeiro, eu sabia o quanto Lissa tinha se sacrificado, indo a uma loja e comprando um *video game*. Ela não é uma amante da tecnologia como eu. Sabia que a conversa com os vendedores sobre o *video game* ideal para mim deve ter sido dolorosa. Lissa não vê muita graça na maioria dos *video games* e acha minha fascinação com o entretenimento digital um pouco incômoda. Antes, eu passava muito tempo jogando no meu PC ou console.

Segundo, por causa da sua predisposição contra eletrônicos e *video games*. Eu honestamente pensei, por alguns segundos, que ela teria interceptado um telefonema do meu médico e sabia que eu estava morrendo. Quero dizer, por que ela me daria um *video game* se não fosse o fim dos meus dias?

Desnecessário dizer, eu estava mais que alegre com o presente.

Quando comecei a jogar Halo, meus pesadelos passaram. Imediatamente. Eles não diminuíram, não se tornaram menos violentos. Eles desapareceram. Do dia para noite. Os pesadelos que me atormentavam por mais de um ano, muitas vezes me fazendo levantar às três da manhã para que eu não me submetesse mais a eles, desapareceram.

Um excelente Natal associado ao desaparecimento dos meus pesadelos me colocou no estado de espírito certo para começar de verdade a compartilhar *online* minhas notas de guardanapo.

Achei que simplesmente compartilhar os bilhetes que escrevia para Emma a cada dia poderia ser útil a alguém. Além disso, era algo positivo para estar focado. Pelos últimos dois anos, eu me concentrei em estatísticas de câncer, imagens de ressonância magnética, exames de sangue. Em vez de lutar contra algo demoníaco, gostaria de criar algo bom.

Comecei devagar. Eu não disse o que estava fazendo, na verdade. Apenas postava uma frase e começava o *post* com "180 BG" — "180" era o número de dias de aula restantes que eu escreveria bilhetes para Emma a cada ano escolar; 180 oportunidades para inspirar, moldar, dar forma. "BG" significava Bilhetes de Guardanapo. Então, dois dias depois do Natal, postei:

Ou nós nos fazemos infelizes ou nos tornamos fortes. A quantidade de trabalho é a mesma.
– Carlos Castaneda

Esporadicamente, compartilhei *online* pensamentos e bilhetes ao longo das semanas seguintes. Criei um *slogan*: "Embrulhe. Escreva. Conecte-se.". Senti que entendi o que estava tentando fazer. Embrulhar um almoço. Escrever um bilhete. Conectar-me com minha filha.

Mantive de forma simples, para mostrar às pessoas como era fácil fazer algo pequeno que tivesse um grande significado.

No verão, alguns colegas de trabalho mencionaram que estavam seguindo meus *posts*. Por meio do Facebook, decidi começar uma página "oficial" de Bilhetes de Guardanapo. A primeira imagem postada foi a foto do guardanapo no qual escrevi uma mensagem para Emma em seu último dia de escola.

Você sozinha é o suficiente.
Você não tem nada para provar
aos outros. – Maya Angelou

Então algo notável aconteceu.

Estava almoçando com alguém que nunca encontrei antes. David Brumfield era um recrutador e eu estava interessado em conversar com ele sobre algumas oportunidades de trabalho. Ele e eu discutíamos como gastamos nosso tempo antes da nossa família acordar. Mencionei que era eu quem preparava o almoço da minha filha e, frequentemente, gastava algum tempo pesquisando mensagens para acompanhar a refeição. Compartilhei como me sentia conectado com Emma quando preparava as duas coisas, seu almoço e o bilhete. Ele rebateu:

— Ah, como Bilhetes de Guardanapo. Eu sigo a página no Facebook.

Olhei firme para ele. Ele estava brincando? Não, não estava. Ele não tinha ideia de que eu era o cara dos Bilhetes de Guardanapo.

Espantado, ri e disse:

— Ei, eu sou o cara. Bilhetes de Guardanapo é a minha página no Facebook.

Ele não acreditava. Continuamos conversando sobre o quão importante era para os pais se conectarem com seus filhos e como este era um ótimo jeito de se fazer isso.

Quando terminamos de almoçar, David me pediu para ir com ele até o carro. Ele olhou para mim e disse:

— Só queria que você visse que eu realmente faço isso.

Ele puxou uma lancheira do banco de trás, abriu-a e me mostrou o bilhete que ele incluíra para sua filha no dia anterior. Era exatamente a mesma mensagem que eu postara no Facebook uns dias antes: "Te amo. Faça o hoje incrível".

Fui inundado por um grande número de emoções. Eu era modesto. Lá estava. Isso era o que eu esperava. E realmente aconteceu. Inspirei alguém a se conectar com seu filho.

Saí do almoço nas nuvens.

Como David e eu nos conectamos? O que estava em jogo aqui? Ele e eu nunca tínhamos nos encontrado até aquele dia. Nossa conversa foi inacreditavelmente casual e a única razão pela qual começamos a falar sobre Bilhetes de Guardanapo foi por ele mencionar que acordava cedo de manhã para trabalhar em um projeto pessoal.

Alguns amigos íntimos e colegas comentaram, ocasionalmente, que Deus estava trabalhando através de mim. Não compreendi direito o que isso queria dizer. Eu só estava escrevendo mensagens em guardanapo para Emma e compartilhando-as. Certamente não sou um pai ou marido modelo. Cometi minha cota de erros e sofro das mesmas fraquezas humanas como todo mundo. Não me senti sagrado ou espiritual por fazer isso. Eu nem sequer estava praticando a minha religião.

Minha esposa não fora educada como católica, mas tem apoiado fortemente a vida espiritual da nossa família. Ela reparou em todos os domingos que se passaram sem que nós fôssemos à missa. Mas ela estava me dando espaço para determinar quando eu estaria pronto para retornar.

Nunca teria adivinhado que seria Emma quem iniciaria nosso retorno.

Havia um garoto da escola por quem Emma tinha uma queda, como notei em diferentes piqueniques e encontros em que nós fomos juntos. Talvez fosse o momento dela mostrar um interesse real pelos meninos. Não estava empolgado por entrar nessa fase da paternidade, mas também havia uma parte de mim que estava tocada em ver esse lado da minha filha crescendo.

Não sabia muito sobre esse garoto, mas sabia que ele frequentava uma outra igreja católica da nossa cidade. Ficou claro que Emma estava realmente interessada nele quando ela, casualmente, pediu para ir à missa na igreja dele.

Sorri e tentei não deixá-la perceber que eu entendi o que estava acontecendo. Eu disse:

— Sim, claro que poderíamos ir à missa na igreja de Santa Maria.

Eu estava agradecido pela minha conversa com o padre Dan. Saber que Deus poderia lidar com a minha raiva me ajudou a mostrar meu rosto na igreja sem me sentir um hipócrita. Sentei-me e ouvi o evangelho, Emma se aninhou ao meu lado, esticando o pescoço para ver se seu "amigo" estava por lá. O evangelho era o Mateus 4,12-23. Ouvi atentamente a história de Jesus andando à margem do mar da Galileia, chamando Seus discípulos para uma outra vida e como eles obedeceram sem questionamentos. Nunca me senti como um bom discípulo. Se Deus me chamava, parecia que eu estava sempre arrastando meus pés.

Senti uma luminosidade em meu espírito desde que entreguei meus fardos a Deus. Enquanto estava sentado no banco da igreja, ouvindo o sermão, tentei escutar para checar se Deus falava comigo. Para onde Deus estava tentando me conduzir?

LIÇÃO 38:

NÃO DURMA POR AÍ.

Respeite-se. Respeite quem você ama. Adoraria saber que um dia você se apaixonará por alguém especial e ficará com essa pessoa pelo resto da sua vida. Tenho certeza de que você quer acreditar nisso também. Sexo é supostamente divertido, mas você tem que valorizar seu corpo e si mesma. Melhor, você tem que amar alguém que te ame e te respeite.

Quero que você ame. Quero que você tenha autoconfiança para respeitar seu corpo e seu espírito. Fique no controle.

TERCEIRO ROUND

A vida não precisa ser perfeita para ser maravilhosa.

— Annette Funicello

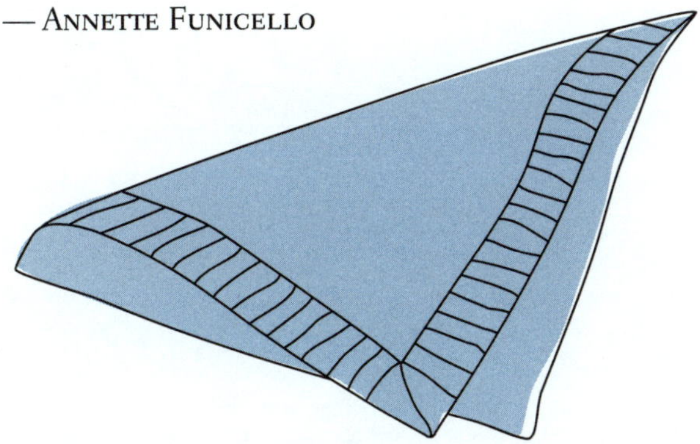

13.

ACERTE A TOUPEIRA (OU ESTOU CANSADO DE FAZER EMMA CHORAR)

Enxuguei uma lágrima, enquanto dobrava o guardanapo devagar. Às vezes, eu me voltava para mensagens que precisava ouvir, que precisava acreditar, ao empacotar o almoço da Emma e escrever em seu guardanapo. As lágrimas apareceram porque, na calada da noite, sentia como se estivesse desistindo.

Tenho câncer de novo.

Tenho câncer de novo.

Tenho câncer de novo.

As palavras ecoavam em minha cabeça como uma bolinha de *squash*, acertando contra meu crânio, cada vez batendo mais forte.

Fui para minha tomografia de rotina em meados de setembro e tinha uma biópsia no mesmo dia. Os exames determinariam se eu estava tendo mais alguns "problemas" nos rins, e a biópsia era para avaliar qualquer aumento do meu câncer de próstata. Eu estava alguns meses atrasado para o meu *check-up*. Esperei até pagar alguma das minhas contas prévias para fazê-lo. Agora, finalmente, era a hora de verificar se o monitoramento ativo estava funcionando.

Minha tomografia revelou algumas áreas "imprecisas". Odeio imprecisão. Imprecisão significa mais testes. Os médicos aconselharam imagens de ressonância magnética. À época, eu sabia o que fazer. Deitei em um tubo, ouvindo os solavancos e zumbidos. Não esperava um telefonema no dia seguinte, já que a ressonância foi feita às 20h. No entanto, meu médico me ligou às 10h para informar que eu tinha câncer novamente.

— Há algo em sua glândula adrenal — ele disse. — Podemos fazer uma biópsia ou simplesmente retirá-la. Você tem duas glândulas adrenais, então realmente não precisa desta. Como esta glândula é próxima ao rim, podemos compreender que seu câncer de rim se espalhou.

O médico assegurou que eu ficasse com seu número de celular, caso quisesse falar sobre alguma coisa.

"Oh legal, eu tenho todos os números de telefone de todos os meus médicos", pensei. Então eu pensei: "Ah merda, eu tenho todos os números de telefone de todos os meus médicos".

Mas eu terminei o telefonema com:

— Vamos nessa. Marque a cirurgia. Vamos detonar.

Meu médico disse:

— Sr. Callaghan, sabia que diria isso.

Inclinei-me na minha cadeira e encarei a parede branca. Tínhamos acabado de começar mais um ano escolar e aqui estávamos nós de novo. Mais um caso, mais um câncer.

Nossa família estava tão animada naquela semana. O jornal local, *Richmond Times-Dispatch*, fez um perfil sobre o Bilhetes de Guardanapo. Eu estava muito tocado pelo interesse deles e ainda mais depois de ler a matéria completa. A reportagem ocupou a maior parte da primeira página da seção de Vida e Lazer, continuando na parte interior do caderno. Eles ainda tinham colocado uma pequena chamada sobre o assunto na primeira página do jornal. Que maravilha! O facho de luz que tanto precisávamos enquanto família. Eu odiava o fato de Emma ter passado por tudo isso, de que ela teve que falar com um repórter como seria se um dia me perdesse. Mas, se isso encorajasse outras famílias a se conectarem de modo profundo, talvez tivesse valido a pena.

No entanto, por que eu estava enfrentando um câncer mais uma vez?

Levei dois dias para tomar coragem de contar a Emma. Quando finalmente me sentei com ela, tinha a esperança de que ela, de alguma forma, trouxesse uma questão sobre sexo, de modo que eu não precisasse mais contar. Infelizmente, não entrei no jogo sobre a reprodução humana. Em vez disso, tive que contar que tinha câncer de novo. Segurei-a firmemente em meu colo, então não pude ver se ela estava chorando. Minha voz vacilou um pouco, mas consegui falar sobre a lanchonete Chuck E. Cheese's e do jogo "Acerte a toupeira" que tinha no local. Expliquei que meu câncer talvez ficasse aparecendo de tempos em tempos e nós tínhamos de bater, empurrando-o para baixo, como a toupeira.

Ela parou e então disse:

— Mas você não pode ganhar no "Acerte a toupeira". E isso você vencerá.

Deus abençoe essa criança.

LIÇÃO 40:

A VIDA É MUITO CURTA PARA VOCÊ TRABALHAR PARA UM BABACA.

Uma vez, trabalhei para uma empresa como gerente de distrito e gerenciava uma porção de lojas. A companhia era sediada no litoral da Virgínia. Eu só ia ao escritório corporativo algumas vezes no mês. Tinha sempre uma pulga atrás da orelha de que alguma coisa estava errada por lá. Toda vez que eu contratava um funcionário, a primeira pergunta era "Ele é negro?". O quê? Nós não estávamos vivendo em 1960! Ouvi duas colegas conversando sobre um potencial processo porque elas estavam sendo discriminadas. Elas estavam grávidas. Também descobri que eu era considerado um retrógrado porque não participava das festas da empresa cheias de drogas.

Desnecessário dizer que saí da empresa sem olhar para trás.

Trabalho é importante para mim. Acho que será importante para você também. Provavelmente, você terá alguns chefes e gerentes na sua vida. A vida é muito curta para você trabalhar para um babaca.

14.

A AÇÃO DIÁRIA DE UM HERÓI

Durante o preparativo da cirurgia, uma das enfermeiras me perguntou coisas de rotina:

— Você entende os riscos e os benefícios do procedimento?

O que eu posso dizer? A essa altura, eu já tinha um senso de humor em relação a isso tudo.

— Sim — eu disse. — O risco é morrer e o benefício é continuar vivo.

Não acho que eles estavam preparados para isso.

A recuperação foi moleza dessa vez. Sequer preenchi minhas prescrições de medicamentos contra dor. Mas quando a doença voltou duas semanas depois, não foi uma boa notícia. O câncer não havia sido removido por completo. Ainda estava em meu corpo. Fui, oficialmente, categorizado como paciente de alto risco.

Não podia mais fingir. Era isso. Eu morreria. Estava no horizonte. Não tinha certeza o quão longe estava, mas já podia ver isso.

Tínhamos a esperança de tentar alguns tratamentos alternativos contra o câncer de rim. Eu estava realmente focado em conseguir uma consulta no centro de câncer MD Anderson, em Houston. Quando fui diagnosticado a primeira vez com câncer de rim, fiz uma pesquisa e relacionei uma extensa lista dos melhores programas e hospitais. Consultei minha lista, e o Centro MD Anderson estava no topo. Mas eles queriam um depósito de mil dólares para garantir uma brecha na agenda. Eu não tinha mil dólares disponíveis. Em janeiro, no entanto, eles estariam dentro do meu plano de saúde. Só tínhamos que esperar.

Alguns dias depois da cirurgia, fui a Orlando para uma entrevista de emprego. (Você pode preencher um cara com câncer, mas não pode mudar sua personalidade! Eu ainda estava aberto a diferentes oportunidades de emprego, sempre esperando assegurar o melhor futuro para Lissa e Emma, independentemente do que acontecesse comigo.) Sentei na minha poltrona, esperando o avião decolar, querendo acabar com a corrida de pensamentos em minha mente. Apertei meu cinto, estiquei minhas pernas. Levei um livro, mas não estava prendendo minha atenção. Olhei as revistas no bolso do assento à minha frente, achei a revista da Southwest Airlines, *Spirit*, e comecei a folheá-la.

Um artigo chamou a minha atenção. O título era "A ação diária de um herói". Claro, sendo um aficionado por Star Wars como eu era, fiquei interessado. Comecei a ler. E comecei a chorar.

Era a história de Alex Sheen, um jovem que começou uma movimentação social sobre o poder de manter uma promessa após a morte do seu pai.

"Porque eu disse que faria" (becauseisaidiwould.com) encorajava as pessoas a continuarem com seus propósitos. A única coisa que Alex se lembrava sobre o seu pai era que ele sempre cumpria o que prometia. Não importava o que acontecesse. Ele era um homem de palavra. Alex percebeu o quanto esse compromisso era pouco valorizado na nossa sociedade cada vez acelerada. Ele queria reorientar as pessoas e a si mesmo para fazer o que disseram que fariam. Ele fez um pequeno cartão de visitas e o enviava por correio para as pessoas que gostariam de fazer uma promessa. Na base do cartão em branco estava escrito somente "porque eu disse que faria". As pessoas escreviam suas promessas, tiravam uma foto do cartão e postavam na internet.

Algumas das promessas eram pequenas. Algumas enormes.

Obviamente, eu estava em um momento frágil — encarando um diagnóstico, na melhor das hipóteses, sombrio; encarando o fato de o médico dizer que pacientes como eu têm uma média de 8% de chance de viver cinco anos. Emma se formaria na escola em quatro anos e meio. Havia uma boa chance de eu estar lá para escrever bilhetes para ela todos os dias até que se formasse no Ensino Médio.

Eu sabia que havia uma promessa implícita a Emma, que eu sempre prepararia seu almoço e escreveria um bilhete para ela. Mas essa possibilidade estava escapulindo. O que eu iria fazer?

Há tão pouco controle nessa batalha. Eu não entendia o porquê de ter que continuar lutando, enquanto muitos homens alcançam seus setenta anos sem nenhum problema de saúde significante. Eles veem seus filhos não apenas se formarem no Ensino Médio, mas também na universidade, arrumarem um emprego, se casarem.

Mas certificar-me de que Emma sempre teria um bilhete de guardanapo? Isso era algo que eu podia controlar.

Jurei ali mesmo, na poltrona 34B, que eu escreveria quantos bilhetes fossem necessários para que ela tivesse um a cada dia de escola até se formar. Rapidamente, estimei quantas mensagens eram necessárias para durar até a formatura e comecei a escrever, escrever, escrever assim que cheguei em casa: 826. 826 bilhetes para escrever e conseguir manter a promessa para minha filha.

Quando pousei, antes mesmo de fazer *check-in* no hotel, mandei um *e-mail* para Alex, contando o quanto aquele artigo tinha me inspirado e também sobre a promessa que eu cumpriria. Alguns dias depois, ele mesmo respondeu. Disse que ficou inspirado com meu comprometimento com Emma e os bilhetes. Fiquei chocado. A missão de Alex era enorme. Ele estava fazendo coisas grandiosas. Eu era somente um pai com câncer, escrevendo mensagens em guardanapos.

Ter contato com Alex e sua missão fez algo por mim. Ajudou-me a focar. Em vez de focar no diagnóstico sombrio que eu recebera, passei a me concentrar no que deixaria para trás. E, pelo amor de Deus, eu daria à minha menina todo conselho que ela pudesse precisar na vida.

LIÇÃO 41:

SE VOCÊ NÃO CONSEGUE FALAR SOBRE ALGO, VOCÊ NÃO DEVERIA FAZÊ-LO.

Você me pediria conselho sobre como colar em uma prova? Como assaltar um banco? Se os pelos da sua nuca se arrepiam quando você pensa sobre aquela conversa, você não deve iniciá-la.

Você poderia, sem dificuldade, perguntar à sua melhor amiga se você pode sair com o namorado dela? Acho que não.

Você é madura o suficiente para ter conversas adultas sobre ações, sentimentos e pensamentos. Então tenha essas conversas. Se você não consegue, então talvez você não esteja madura o bastante para fazer isso.

15.

O MELHOR PRESENTE DE NATAL DE TODOS OS TEMPOS

Lissa se apressou em visitar o departamento de oncologia do Centro Contra o Câncer VCU Massey. Ela ouviu coisas ótimas sobre eles, além disso, estavam no nosso plano de saúde e ficavam aqui, em Richmond. Eles também podiam me encontrar logo naquele momento. Eu continuava dizendo: "Mas eles não estão na minha lista!".

Minha esposa tentou ser paciente comigo, mas ela não queria esperar até janeiro para conseguirmos ir ao Centro MD Anderson. Então, Lissa agendou uma consulta e me arrastou até o VCU para me encontrar com o dr. Swainey.

No caminho até o VCU, não pude deixar de me lembrar de outro oncologista que encontramos algumas semanas antes. Ele não era um guerreiro, era passivo.

— Não há realmente muito o que a gente possa fazer, sr. Callaghan. Se você quiser, você pode tomar um remédio... Quero dizer, se você realmente quiser... Mas não sei se funcionaria, e traz uma série de efeitos colaterais...

Sim, eu queria aquele medicamento! Eu queria que você tirasse sua espada e lutasse por mim! Desnecessário dizer que saí de lá o mais rápido que pude.

Mas o sr. Swainey? Assim que o encontrei, sabia que ele era o guerreiro para mim. Ele não só investigou possíveis tentativas já no primeiro dia, como também foi capaz de focar na minha fé.

Sempre passei um bocado de tempo com meus médicos dizendo que isso não era sobre mim, era sobre estar vivo para Emma, contando a eles o quanto eu a amava, o quanto eu faria qualquer coisa, *qualquer coisa,* para me manter vivo para ela.

Dr. Swainey me parou no meio da frase.

— Você sabe o quanto você ama sua filha? — perguntou.

Dei um olhar para ele do tipo "você não está me escutando?".

Ele sorriu para mim e, calmamente, disse:

— Deus a ama mais.

Uau! Ok. Talvez eu precisasse disso.

Ele era, oficialmente, meu médico.

O Natal estava se aproximando. Mais um ofuscado pelo câncer. Além disso, as contas médicas estavam realmente se acumulando. Pagar a prestação da casa era uma luta. Eu tive que vender alguns eletrônicos raros e os colecionáveis de Star Wars só para ter certeza de que pagaríamos a parcela de dezembro. Não tinha sobrado muito para presentes ou eventos especiais.

O plano para sua vida supera muito as circunstâncias de hoje.
– Autor desconhecido

Minha mãe não sabe como ser sutil, contudo, e foi generosa o suficiente para dar para a minha família um *pen drive* HDMI Chromecast. Ok, foi um presente realmente *geek* para mim. Fiquei emocionado e fui imediatamente configurá-lo. Estava pronto depois do almoço e chamei todos para que pudessem ver o novo brinquedo.

Se você não está familiarizado com isso, o Google Chromecast permite que as telas de telefones e *tablets* sejam transmitidas em sua TV. Então peguei meu telefone e abri o aplicativo do YouTube. O último vídeo que eu assistira ainda estava no meu monitor. Era um vídeo de Alex intitulado "Resoluções de Ano Novo: 52 semanas depois".

Ainda não tinha contado a Lissa ou a Emma sobre a promessa que tinha feito ou qualquer coisa sobre Alex. A promessa tinha me afetado de modo significativo, mas eu não sabia como trazer esse assunto à tona sem admitir que... eu estava me preparando para morrer.

Mas queria que elas se inspirassem também. Era Natal e assistir a esse vídeo poderia ser um bom caminho para prestar atenção nas bênçãos ao nosso redor, apesar do elefante branco na sala.

Coloquei o vídeo em espera e expliquei como soube de Alex e sua missão. Nos sentamos e assistimos ao curto vídeo, e Lissa e Emma pareceram gostar. Então começamos a nos preparar para a nossa caminhada de Natal com a Noel.

A TV já estava desligada por exatos dois minutos, quando meu telefone tocou. Não reconheci o número. Alguém em Ohio? Eu não tinha nenhum familiar lá e não falaria com alguém que não conhecia no dia de Natal, então não respondi.

Mas aí senti uma necessidade de saber quem era. Sequer esperei para ver se deixaram uma mensagem na caixa postal. Comecei a procurar o número no Google. Após percorrer diversos resultados, eu vi isso: "Porque eu disse que doaria 20 viagens à Disneylândia para crianças com câncer".

O quê? Poderia ter sido Alex? Ele acabara de me ligar? No Natal?

Apenas alguns segundos após eu apresentar sua missão à minha família?

Com certeza eu tinha uma mensagem deixada por ele.

Olá, Garth. Aqui é Alex Sheen, fundador do "Porque eu disse que faria". Nós trocamos mensagens em novembro, mas não tive a oportunidade de te contatar àquela época. Só queria ligar e desejar "Boas Festas" e ter uma oportunidade de falar com você. Talvez em outro momento. Espero que esteja tendo um ótimo dia e nos falamos em breve. Tenha um ótimo dia.

Loucura.

Mandei para ele uma mensagem de texto, agradecendo o correio de voz e dizendo que nos falaríamos em breve.

Minha família e eu saímos para uma caminhada, mas minha cabeça parecia estar nas nuvens. Obviamente, eu estava tocado por Alex ter pensado em me ligar, ainda mais no dia de Natal. Mas eu também tinha a impressão de que alguma coisa estava acontecendo, que havia uma verdadeira razão para o nosso contato naquele dia.

Lissa olhou para mim e para meu sorriso iluminado. Ela colocou sua mão sobre a minha.

— Essa ligação foi claramente o seu melhor presente.

E realmente foi.

Alex e eu conversamos no dia seguinte. Eu havia esquecido que toda sua missão fora inspirada na morte de seu pai com câncer. Chorei. Choramos juntos. Mais uma vez estava projetando um futuro para Emma sem um pai.

Odeio quando minha mente vai para esse futuro. É difícil sair desse padrão de pensamento.

Alex pediu para escrever minha história na página do Facebook do "Porque eu disse que faria". Eu estava mais que feliz em compartilhar. Conversamos com frequência nas semanas seguintes, porque Alex queria ter certeza de que estava retratando os fatos corretamente e que eu também estaria bem com os efeitos emocionais da história. Ele ficava perguntando se estava tudo bem para mim o fato de ele compartilhar a minha história. Pensei: "Claro. Se ajudar algumas pessoas. Quero fazer isso". Alex me alertou, com cautela, sobre como minha família rapidamente poderia ser empurrada para os holofotes. Achei que ele era louco. Mesmo quando, às vezes, os vídeos tornam-se virais, leva algum tempo. E eu não via nada tão viral assim em um pai doente escrevendo mensagens em guardanapos.

LIÇÃO 44:

APRENDA A PERDOAR.

Perdão é um presente que você dá a si mesma. Você não precisa esquecer. Só precisa aprender a deixar para lá e não permitir que uma pessoa ou situação a controle.

Fui demitido da Circuit City no começo de 2001. Você era só uma criança e a mamãe não estava trabalhando. Tive uma boa indenização e recebi uma proposta de trabalho dois dias após a demissão. Olhando para trás, não foi necessariamente uma situação difícil. No entanto, por anos eu me prendi à amargura por ter sido demitido. Nunca dividi meus sentimentos de ter sido traído. Eu os carreguei em silêncio. Esses sentimentos envenenaram muitas das minhas interações com a Circuit City pelos anos seguintes. Eu só estava me prejudicando. O que piorava as coisas é que eu estava bravo com uma instituição, não com uma pessoa!

Todos nós precisamos de paz, e o perdão nos ajuda a deixar a dor passar. Perdoar é uma decisão, assim como muitas outras em sua vida. Você pode decidir.

16.

INDO A PÚBLICO

23 de janeiro de 2014

"O que significa alto risco?", Garth perguntou. Seu oncologista olhou em seus olhos e respondeu... "Você morrerá disso". Garth tem 44 anos e foi diagnosticado três vezes com câncer desde novembro de 2011. Câncer de próstata uma vez. Câncer de rim duas vezes. Embora ele pareça saudável hoje, estatísticas indicam que ele tem 8% de chance de viver por mais cinco anos.

Garth tem uma filha chamada Emma. Ele tem escrito mensagens em guardanapos para ela desde a segunda série. São apenas algumas palavras de encorajamento, mas, na correria de seus dias separados por trabalho e escola, é um momento em que eles podem se conectar. É um momento em que Garth sabe que ela está pensando nele.

Garth pode morrer, mas ele não deixará Emma almoçar sem essas mensagens. Essa é sua promessa: escrever uma mensagem no guardanapo para cada dia de aula que Emma tiver até que ela se forme no Ensino Médio. Até esta data, ele completou 740 mensagens. 86 estão a caminho.

Foi isso que Alex postou em sua página do Facebook. Duas horas após a postagem, recebi um *e-mail* de Alex: "Seu *post* está entrando para os mais bem-sucedidos que já tivemos até hoje no Facebook".

Estava lendo todos os comentários e fiquei profundamente tocado pelo apoio que recebia. Compartilhei a história no meu mural também. Começou a rodar meu círculo de amigos e além.

Na manhã seguinte, Lissa veio até mim, preocupada. Não falamos com Emma sobre o *post*. Ela não estava no Facebook, nem a maioria de seus amigos. Mas aquele *post*, obviamente, dava mais atenção à gravidade do meu diagnóstico do que nós mesmos tínhamos dado. Lissa se preocupava que alguém abordasse Emma dizendo: "Não sabia que seu pai estava morrendo".

Argh. Claro que isso seria terrível. Mas minha cabeça ainda era atrasada.

— Lissa, Emma nunca ouvirá nada sobre essa história. Não tem importância. Ninguém está lendo isso.

É claro que me enganei.

Enquanto a história continuava a se espalhar, decidi falar com Emma no dia seguinte. Ela sabia que eu era um paciente de alto risco. Nunca definimos exatamente o que era isso, exceto pelo fato de que eu seria assistido com mais cuidado por causa do câncer e que procurávamos por algumas opções de tratamento que nos ajudasse a aumentar as expectativas.

Estava levando Emma a algum lugar. Sequer me lembro porque estávamos juntos na caminhonete. Aproveitei a oportunidade para mencionar, de forma casual, a história que estava circulando lá fora. Compartilhei com ela as estatísticas que nos foram proeminentemente apresentadas.

8%.

Cinco anos.

Disse a ela que eram estatísticas, que esses números não se aplicavam a mim. Eu acreditei e ainda acredito nisso. Nossa família superaria essas estatísticas Não éramos meros números em uma planilha. Mencionei que talvez ela não quisesse navegar na internet e encontrar histórias sobre mim. Disse que nos pediram para contar a história do câncer, mas o mais importante era que nós queríamos falar sobre os Bilhetes de Guardanapo e o quanto eles significavam para nós. Queríamos ajudar outros pais a se conectarem com seus filhos por meio das mensagens. Não era sobre o câncer. Com certeza não era sobre morrer. A morte aconteceria. Todos somos mortais. Não podemos impedir isso.

Emma pareceu entender. Perguntei se tinha alguma preocupação em compartilhar a história. Ela balançou a cabeça. Estava empolgada em poder ajudar.

LIÇÃO 56:

DÊ AO SEU AMIGO SEU ÚLTIMO CENTAVO.

Dinheiro é só uma coisa. Você pode ganhar mais. Se você tiver um amigo necessitado e você puder pagar, dê-lhe o dinheiro. Ou melhor, talvez você deva lhe dar o dinheiro mesmo que você não o tenha. Nunca empreste dinheiro a um amigo. Nunca empreste dinheiro à sua família. Dê-lhes o dinheiro. Se você emprestar o dinheiro, haverá amarras, mesmo que você não queira. No mínimo, o destinatário verá restrições, embora elas não estejam lá.

17.

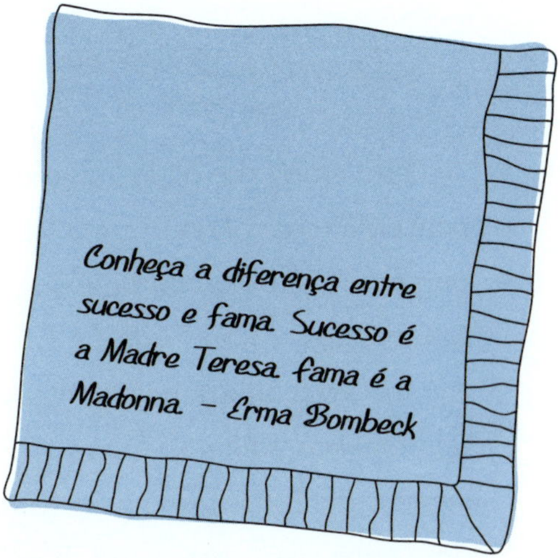

SOU APENAS UM CARA ESCREVENDO MENSAGENS EM GUARDANAPOS

Era uma terça-feira de manhã e eu estava sentado na minha mesa quando recebi uma mensagem estranha da treinadora da empresa, René Haines: "Você apareceu no programa *Today*. Parabéns!". Olhei em volta. Tinha certeza de que estava no trabalho, na minha baia. Não estava na cidade de Nova York. Não sabia bem sobre o que ela estava falando.

Alex tinha me ligado alguns dias após seu *post* no Facebook virar uma loucura para me perguntar se ele poderia postar minha história em outros sites, como Reddit e Imgur. Concordei. Ele me avisou para ficar preparado para alguns telefonemas solicitando entrevistas. Ri. E, então, alguém do Today.com, Eun Kim, me ligou para uma entrevista para o site. Fiquei surpreso, mas, claro, concordei. Centenas de outras solicitações vieram depois desse telefonema. BuzzFeed, Huffington Post, Yahoo. Mas todos eram *online*, eu nunca estive na TV.

De alguma forma, um dos blocos do programa *Today*, no topo da programação das 9h, fez um quadro sobre mim. Eles pegaram o conteúdo da entrevista do site e simplesmente discutiram o assunto ao vivo.

Meu celular começou a tocar desatinadamente. Sem parar. Bilhetes de Guardanapo tinha, oficialmente, tornado-se viral.

Os próximos dias foram um turbilhão de atividades. Atendendo a pedidos, discutindo com a família o quão longe a gente levaria tudo isso. Tudo bem levar a minha filha ao ar para discutir essa situação tão particular e desoladora? Mas, sempre que conversávamos, Emma demonstrava confiança de que lidaria bem com isso. Ela amava a missão do Bilhetes de Guardanapo e sentia orgulho de tudo que estava acontecendo. Ela queria que espalhássemos a mensagem o máximo possível.

Eu estava tão impressionado com a minha garotinha.

No entanto, entrei em conflito conforme era empurrado cada vez mais para debaixo dos holofotes. Todo entrevistador me elogiava pelo que eu estava fazendo, me diziam como eu era um bom pai. Ficava agradecido por tais palavras, mas... sério? Estava escrevendo bilhetes em guardanapos. Sim, é importante. Sim, de alguma forma precisávamos ter esses lembretes sobre a importância das pequenas coisas nessa nossa sociedade maluca e fora dos trilhos. Mas essas pessoas não estavam lá nos dias em que os efeitos colaterais do meu medicamento foram insuportáveis e eu não tinha mais nenhuma paciência. Quando perdi o controle com Emma por ela demorar tanto para se arrumar para o treino de *softball* e eu estava preocupado com nosso atraso.

O foco do Bilhetes de Guardanapo não era a minha pessoa ou até mesmo o fato de eu estar morrendo. Era o fato de que qualquer um poderia ser um pai de Bilhetes de Guardanapo. Todo mundo poderia reservar cinco minutos do seu dia e fazer algo especial para as pessoas que amam. Preparar o almoço deles. Escrever uma mensagem. Conectar-se.

Isso era importante. Não eu.

Coragem é estar morrendo de medo e, mesmo assim, apertar a sela para cavalgar. – John Wayne

Estava me sentindo sobrecarregado enquanto nos preparávamos para nossa primeira viagem rumo a Nova York. O programa *Today*, na verdade, queria a gente no ar. Não consegui dormir. Não conseguia pensar direito. Não consegui processar o tsunami de interesse pela nossa família.

Em nossa primeira noite em Nova York, paramos na Catedral de São Patrício.

Lissa queria conhecer os arredores, e eu também nunca tinha ido lá. Senti uma pressão em meu peito e na minha cabeça quando entramos. Emma e eu estávamos a poucas horas de aparecer em TV nacional para dividirmos nossa história. Estaríamos falando potencialmente com milhões de pais e esperávamos que nossa missão tivesse ressonância, mesmo que só um pouquinho. Eu fiz uma oração irônica no fundo da igreja — a oração de Shepard, que, segundo rumores, teria sido pronunciada pelo astronauta Alan Shepard. Disse em voz alta para que Lissa e Emma pudessem ouvir.

— Meu Senhor, não me deixe fo** as coisas.

Acho que Lissa e Emma ficaram chocadas. Geralmente, não blasfemo e, com certeza, nunca disse algo assim em uma igreja! Quebrava um pouco o gelo da situação, mas expressava exatamente o peso que sentia. O que eu estava fazendo? Não planejei essa atenção repentina. E se eu estragasse tudo? E se eu não mantivesse tudo sob controle ao dividir meus sentimentos sobre minha mortalidade e o porquê dos bilhetes serem tão importantes para mim?

Apenas algumas horas antes, quando gravei um quadro para o programa *Here and Now* da emissora NPR, fui pego desprevenido com a pergunta:

— Garth, em primeiro lugar, todos nós aqui, inclusive eu, tendo essa conversa com você, esperamos mais do que tudo que quando Emma receber o bilhete 826, você ainda esteja aqui. Se isso não acontecer, o que você espera que ela pense sobre quem você é quando pegar o guardanapo 826 e olhar para toda sua coleção?

Meu Deus! Não acredito que ela acabara de me perguntar isso, enquanto as duas, Lissa e Emma, estavam no estúdio, atrás de mim, ouvindo!

Fiquei chocado. Literalmente engasguei com as minhas próprias palavras e, então, solucei. Senti como se tivesse sido esfaqueado no coração. Não consegui me conter e, graças a Deus, estava de costas para a minha família. Estava tão acostumado em contar essa história com uma perspectiva positiva. Sim, eu tinha meus medos e julgamentos, mas estava conseguindo enfrentar a maioria deles. Acreditava que uma atitude positiva fosse a melhor arma do meu arsenal. E com uma pergunta, meus medos e dúvidas não só estavam no campo de batalha, mas também me atacavam com força total.

Graças a Deus, a emissora NPR editou e cortou a maioria dos choros e gaguejos. Não importava. Eu sabia como me sentia e o que aconteceu. Não conseguia me imaginar fazendo isso em rede nacional. Com uma câmera de televisão ali, não havia nenhum lugar para me esconder.

A manhã seguinte chegou, com uma chamada muito cedo e um entrevistador abençoadamente sensível. Emma foi incrível e conseguiu lidar com tudo muito bem. Foi um momento surreal, algo que eu ainda não tinha visto. Uma experiência que eu nunca esperava ter, especialmente com minha filha. (A quem estamos enganando? Ela se parece com uma jovem mulher esses dias. Tão preparada. Tão segura. E eu estava tão orgulhoso.) Essa missão ganhou um novo significado. Câncer era um preço alto a se pagar para ser capaz de dividir mensagens de guardanapo. Pensei: "Deus, é isso que você está me pedindo para fazer? Mesmo? Acho que eu preferia não ter que lidar com o câncer e manter o Bilhetes de Guardanapo entre a Emma e eu. Ok?".

Enquanto continuavam me colocando em um pedestal, eu lutava com a pressão. Quando se tornou muito grande, peguei o telefone e liguei para minha madrinha, a tia Ruth. Ela sempre foi meu santuário. Quando morava perto deles, eu frequentemente passava os fins de semana com ela e meu tio Peter. Eu dava presentes engraçados para seus filhos, quando eram mais jovens, como falsos cocôs de cachorro e vômitos. Ela e eu passamos horas fazendo um bolo do castelo do Super Mario para a festa do aniversário de cinco anos do Jonathan. Eu conseguia relaxar a minha mente quando estava com eles. Sempre me sentia seguro lá.

Ela me escutou por um bom tempo. Então, disse exatamente o que eu precisava ouvir:

— Garth, você não está sozinho nisso. Nunca esteve. Você não precisa se preocupar sobre o que dizer. Você já disse tudo. Só que existem pessoas

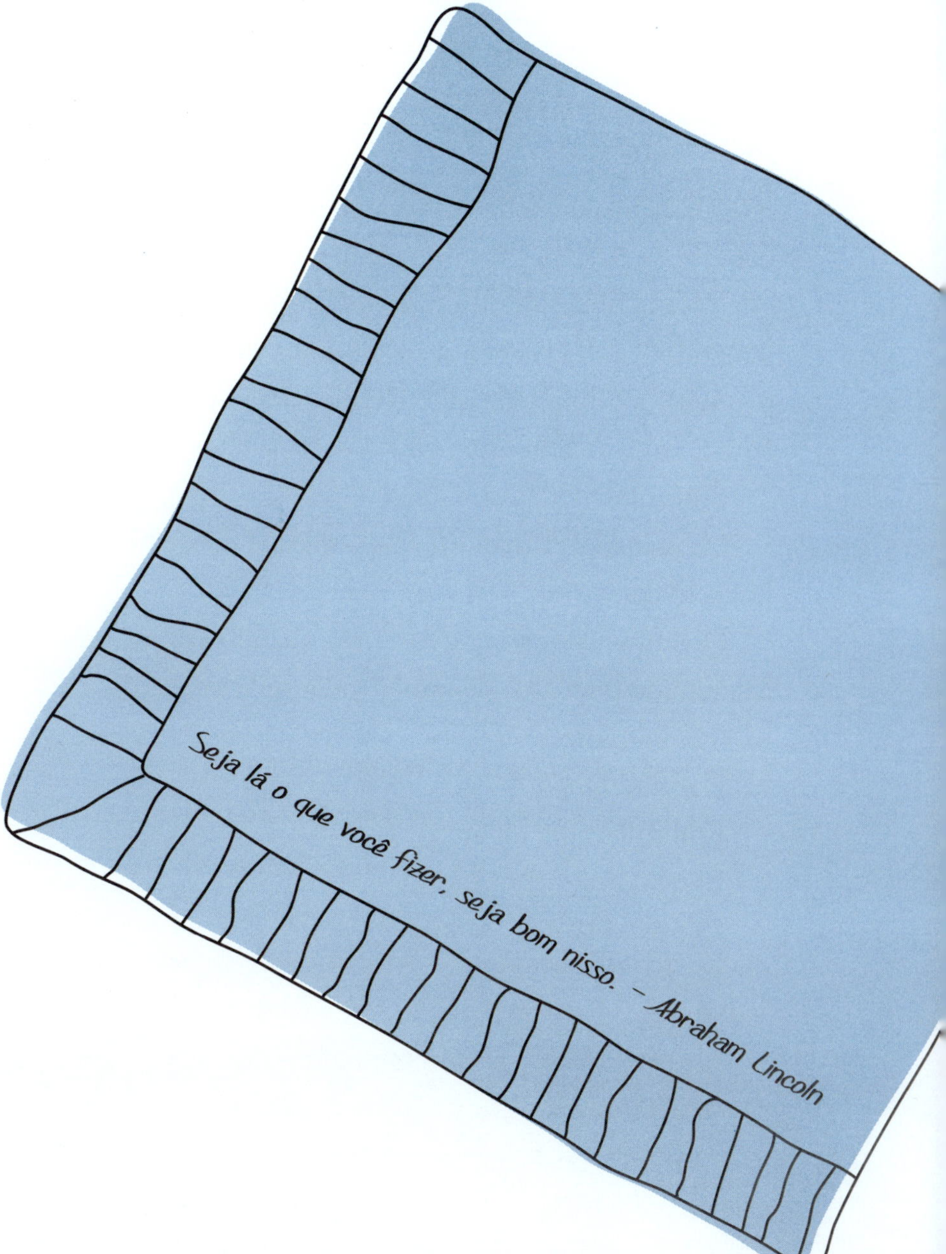

Seja lá o que você fizer, seja bom nisso. – Abraham Lincoln

que ainda não ouviram. Embrulhe, escreva, conecte-se. Isso não é sobre câncer, mas sobre o quanto sua filha significa pra você, e um ótimo lembrete para todos nós aproveitarmos cada pequena oportunidade que tivermos para dizer àqueles que amamos que eles são maravilhosos!

Embrulhe. Escreva. Conecte-se.

Eu podia fazer isso. Eu sigo o mesmo conselho hoje em dia.

Quando não sei o que fazer, ou quando estou consumido pelo caos da minha vida, sei o que é mais importante.

Dar um tempo.

Embrulhar um almoço.

Escrever uma mensagem.

Conectar-se com Emma.

Repetir.

Nada mais importa.

LIÇÃO 57:

VOCÊ É UMA LÍDER. LIDERE.

Emma, você é uma líder. Você tem a habilidade de unir amigos e grupos. Ser um líder não depende só de um título. Você lidera de dentro.

Observo você. Vejo suas frustrações quando não está bem. É preciso reconhecer que seu time está olhando para você. Eles imitarão seu comportamento. Eles farão o que você sugerir. Se você deixar a situação ditar seu estado de espírito, a equipe assimilará isso e a seguirá.

Ao liderar, delegue. Você não pode fazer tudo sozinha. Suas ações e atitudes inspirarão o time.

Uma vez, quando eu era gerente de loja na Circuit Express, fiz uma parada no meu dia de folga para ver como as coisas estavam indo. Eu estava de *short* e camiseta. Claramente, não estava vestido para o trabalho! Conversava com um funcionário da loja quando um cliente veio direto até mim e começou a fazer perguntas sobre alguma coisa. Respondi rápido e educado. O cliente ficou satisfeito. Então, questionei o cliente por que ele perguntou para mim, principalmente por eu não estar vestido como se trabalhasse lá. Ele respondeu que era visível que eu estava no comando, independentemente do que vestia.

18.

O DOM DAS PALAVRAS

Fiz uma pausa antes de dobrar o guardanapo de Emma. Naquele dia, estava hesitante em colocar qualquer coisa relacionada à morte nele. Não queria que ela focasse na minha mortalidade. Queria que focasse na vida. Na sua vida. Em como viver a melhor vida possível. Mas essa mensagem dizia isso. Gostei. Dobrei e coloquei junto a seu almoço.

Estava empolgado. Dr. Swainey ligou com a notícia de que eu não fora aceito para o experimento com novos medicamentos por causa do meu câncer de próstata. (Você não acha que por ter tido dois tipos de câncer eu deveria estar no topo dessa lista? Mas, lamentavelmente, eu os faria desperdiçar os resultados.) Graças ao coração do dr. Swainey, ele achou uma maneira de conseguir os medicamentos, *além* de fazer com que meu seguro cobrisse alguma coisa. (Sem seguro-saúde, teria me custado doze mil dólares por mês.) Estava tão grato por continuar lutando de forma agressiva contra o câncer, por ter encontrado um médico que estava comprometido a fazer tudo que pudesse para me manter vivo.

Com frequência, me perguntavam qual era o impacto que o câncer tinha na minha vida. Não consigo explicar quantos aspectos da minha vida mudaram. Os principais pilares dela foram atacados. O câncer tem abalado a minha essência e, às vezes, sinto como se quase tivesse perdido a mim mesmo. Posso dizer, com certeza, que não sou o único a ter câncer. Toda a minha família está envolvida nisso. Estamos no campo de batalha por anos e, provavelmente, não abandonaremos esse campo até o fim da minha vida.

Talvez seja difícil para você ler isso. Foi difícil dizer isso para mim mesmo na primeira vez.

Não posso desejar que nunca tivesse tido câncer. Não estou feliz em ter tido. Certamente, desejo, espero e rezo para que eu não o tenha amanhã. Mas não posso desejar que eu nunca o tivesse tido.

O câncer me colocou nessa estrada. O câncer me levou a prestar atenção no que é importante. E, se sou capaz de ajudar os outros a fazer isso também, quem sou eu para dizer que não deveria lidar com isso?

Estou agradecido por uma outra razão. Recebi um chamado. Obviamente, para fazer um balanço das minhas bênçãos, para dizer àqueles que amo o quanto eu me importo. Mas, também, para me preparar. Para deixar as coisas em ordem. Seguro de vida. Meu testamento. Os meus desejos em relação ao meu funeral.

Já mencionei antes que meu pai foi o agente funerário da cidade, em Port Leyden, por 34 anos.

A morte era o ganha-pão da minha família. Cresci sabendo que ela era um fato da vida, uma coisa que você quer evitar o maior tempo possível, mas, se acontecesse, a Funerária Callaghan estaria lá para apoiar sua família e tentar fazer a transição o mais suave possível.

No entanto, a morte de meu pai uns poucos meses antes do meu primeiro diagnóstico de câncer foi a primeira que eu realmente vivenciei. Todos meu avós faleceram quando eu era mais jovem, mas foi um ritual de passagem. Eu tinha um tio que faleceu antes do meu pai, mas eu não era muito próximo dele. Essa foi a primeira vez que um dos meus entes queridos se fora. Meu pai era uma rocha, para mim e para muitos ao redor dele. Perdê-lo deixou meu mundo de cabeça para baixo.

Desnecessário dizer que fiquei surpreso quando meu pai morreu. Embora ele não tivesse um estilo de vida incrivelmente saudável, não acredito que nenhum de nós esperasse que ele morresse. Seu médico pensou que ele poderia ter câncer de pulmão. Havia algumas manchas no órgão e razões para acreditar que fosse um câncer. Meu pai fumou durante a vida toda. Acho que começou a fumar no Ensino Fundamental.

Papai fez uma biópsia para checar. Ocorreu tudo bem, como na maioria das biópsias, mas ele sofreu um colapso no pulmão pouco tempo depois. Entrou em coma e nunca mais acordou.

Visitei meu pai após ele entrar em coma. Não havia muito o que fazer. Não havia muito o que dizer. Não tínhamos certeza se ele sairia dessa.

Fazia uma hora que estávamos na estrada voltando para casa, quando recebi o telefonema. Papai tinha ido embora. Para mim, foi algo súbito. Nunca consegui dizer adeus. Por causa do coma, nem sequer tive a chance de falar com ele.

Estava despreparado para a enxurrada de emoções que senti à época. Meu primeiro pensamento, enquanto dirigíamos de volta a Port Leyden, foi: "Quem enterra o agente funerário?". Em muitos casos, é o filho que entrou para os negócios da família. Eu não entrei. Era um mero espectador, na melhor das hipóteses, o filho que decidiu não seguir os passos do pai. Fui o filho que se mudou e via os pais algumas vezes ao ano.

Nem minha irmã, Colleen, nem eu entramos para os negócios, mas ela estava, pelo menos, fisicamente perto de casa. (Nota paralela: minha mãe, embora com 69 anos quando meu pai morreu, decidiu continuar comandando a funerária.)

Realmente não nos preparamos para a morte do meu pai. Mas deveríamos ter nos preparado. Pelo amor de Deus, o negócio da família estava acabado! Não tenho conhecimento de nenhuma conversa familiar em relação aos nossos pais, ou o que era esperado da gente após um deles morrer. Não sabia se meu pai tinha algum desejo específico. Sabia que ele dizia com frequência que o funeral e seus detalhes eram algo para a família que ficou cuidar. Não sabia o que ele queria. Nunca falamos disso.

Minha mãe não tinha sequer um testamento atual e teve que vasculhar por um documento de 40 anos para gerir os bens. (Eu acho que, de acordo com o documento, eu deveria ir morar com meu tio Harold e minha tia Gigi, mas, considerando que eu já tinha 42 anos, todos acharam que não teria problema se eu ficasse sozinho!)

Por que evitamos essa discussão? Morrer é parte da vida. De acordo com meus cálculos, todos nós temos 100% de chance de morrer. A missão da nossa família era ajudar as de Port Leyden após a morte de um ente querido, ainda assim, evitávamos o assunto dentro da nossa própria casa.

Não sei se consigo sequer começar a descrever como foi crescer com meu pai. Tenho certeza de que todo mundo tem histórias similares sobre bons e maus momentos. Há períodos em que me sentia extremamente próximo a ele; por outro lado, havia épocas em que sentia que ele era extremamente distante e descomprometido. Sei que meu pai amava muito minha irmã e eu. Acho que houve períodos em que ele teve dificuldades em expressar esse amor. Quando meu pai, de fato, demonstrava seu amor e apoio, era absolutamente imenso.

Uma coisa que eu sei, com certeza, é que meu pai ajudou a incutir, em uma idade precoce, o valor do trabalho duro. Lembro-me de uma vez em que precisava de dinheiro para pagar alguma excursão da turma. Papai não dava simplesmente o dinheiro. Eu tinha que "ganhá-lo" e, naquele dia, ele decidiu que eu ganharia ao vencê-lo em um jogo. Pegamos uma caixa de papelão enorme. Não consigo sequer imaginar o que havia antes dentro daquela caixa, mas ela poderia ser, facilmente, usada como brinquedo por três ou quatro crianças. Dobramos a aba e jogamos "basquete", usando a caixa como cesta. Graças a Deus! Eu era bastante jovem e não tão bom em basquete, mas essa caixa eu conseguia acertar! Meu pai não me deixou ganhar nesta tarde. Ele não era a favor da teoria que você deve deixar seu filho ganhar só porque ele é uma criança. A vitória tinha que ser merecida.

Meu pai me ensinou a jogar xadrez, quando eu era bem novo. Ele tinha um tabuleiro especial. As peças eram maravilhosamente suaves e brilhantes. O tabuleiro em si já tinha visto dias melhores. Ele e seu melhor amigo jogavam com frequência quando estavam na faculdade. Aprendi uma sequência de abertura, a defesa siciliana, e a usava o tempo todo. Nós jogávamos, jogávamos e jogávamos. Não consigo contar quantas vezes jogamos até eu, finalmente, conseguir vencer. Acho que nem sequer percebi que tinha dado um xeque-mate nele.

Fazíamos maratona de Banco Imobiliário. O jogo, geralmente, começava como um evento familiar com a participação de mamãe e da Colleen também. Logo, a partida se restringia ao meu pai e a mim, e continuávamos jogando por horas. Uma das partidas, na verdade, durou dias, com o tabuleiro sendo preservado durante a madrugada até o dia seguinte. Cada batalha que eu ganhava era saboreada.

E, então, tinha o *pinochle*[4]. *Pinochle* era, na verdade, um jogo de família. Sei que ainda há papéis de anotações com os pontos pela casa, servindo como registros permanentes de resultados jogados há muito tempo. Tenho certeza de que todos os membros de ambos os lados da família jogavam *pinochle* e nunca vou me esquecer do momento em que fui convidado a sentar à mesa. Fiquei honrado não só porque a família me considerou maduro para jogar, mas também porque, se eu jogasse, um dos adultos deveria ficar de fora. Minha família mostrou paciência

4 *Pinochle* é um jogo baseado em sistema de apostas para dois ou mais participantes com um baralho especial de 48 cartas, do número 9 ao Ás de todos os naipes. (N.T.)

infinita, enquanto eu aprendia. *Pinochle* é um jogo de cartas difícil e há muitas nuanças que o influenciam. Todo mundo parecia estar três passos à minha frente, e eu não tinha ideia de como eles eram bons! Fiz dupla com meu pai em um jogo e ele ganhou o lance. Fiquei tão feliz porque tinha uma sequência de naipes que ele ditou, que prontamente baixei o jogo... antes de passar as cartas para ele. Estraguei tudo! Tivemos que desperdiçar essa mão e eu nunca me esqueci daquele jogo. Meu pai ficou tão desapontado, mas, cuidadosamente, explicou o que eu deveria fazer caso essa situação ocorresse de novo. Não aconteceu, mas nunca esqueci minha lição.

Ganhar requer aprendizado.

Definitivamente, ganhei os extras que precisava na vida. Minha mãe e meu pai acreditavam que deveríamos ter novos tênis quando precisássemos, mas, se quiséssemos o sapato "especial" ou melhor do que a média que a gente conseguia na loja de departamento local, Colleen e eu éramos responsáveis pela diferença de preço. Quando quis me juntar ao time de esqui, paguei pelo equipamento.

Para ganhar esse dinheiro extra, trabalhava para meu pai. Acho que muitos filhos que trabalham com seus pais concordam que essa é uma situação difícil. Embora meu primeiro trabalho tenha sido fora do meio familiar, aos onze anos, entregando jornais para o *Watertown Daily Times,* minha principal tarefa era ajudar na Funerária Callaghan. Quando mais novo, eu era responsável por cortar a grama, lavar o carro fúnebre e retirar a neve da calçada. Ao norte de Nova York, retirar neve com a pá era um trabalho interminável durante metade do ano! Houve muitas vezes em que tive que recomeçar a tarefa logo após terminá-la.

Independentemente do trabalho, meu pai tinha a expectativa de que eu faria a tarefa direito. Se eu deixasse um pedacinho de grama porque eu, por descuido, conduzi o cortador de modo incorreto, eu tinha que voltar a essa seção até que a grama estivesse finalmente aparada. Para mim, era melhor eu consertar meus próprios erros do que ter meu pai me pedindo para consertá-los. O que esperava de mim era que eu consertasse os erros que havia cometido, caso contrário, não seria pago.

Lavar o carro fúnebre era a minha atividade menos favorita. Carros fúnebres são altos. Não conseguia alcançar o topo facilmente. O capô era preto e eu tinha que secá-lo antes que as manchas de água se formassem. As calotas tinham aros, pelo menos cinco por pneu. Passava horas limpando aquelas calotas com uma escova de dente. Ah, como eu odiava isso! Por que nosso carro fúnebre não podia ter calotas normais? Quando terminava essa parte do trabalho, eu tinha que passar para a limpeza das paredes brancas. Era como se lavar o carro fúnebre fosse um trabalho interminável, e eu tinha que fazer essa tarefa toda vez que alguém falecia.

Quando cresci, minhas responsabilidades cresceram também. Frequentemente, eu era responsável por organizar as flores, por carregar e arrumar as cadeiras e por limpar a casa funerária antes do velório. Até ajudei meu pai a remover corpos das casas e caixões. Papai viu meu zelo com cada uma de minhas responsabilidades.

Só quando eu estava bem mais velho que percebi algumas das lições que meu pai estava incutindo em mim. Francamente, sequer sei se ele estava tentando incutir essas lições ou se não foi intencional.

1. Orgulhe-se de seu trabalho.
2. Faça-o correto na primeira vez.
3. Seu trabalho não é sempre sobre você.

Embora limpar aqueles aros do carro fúnebre fosse entediante, havia uma razão fundamental por trás do esforço que meu pai exigia. Não era só se orgulhar do meu trabalho. Não era só fazê-lo corretamente. Era porque havia um respeito fundamental que nós, os Callaghan, gostaríamos de mostrar à família do falecido. Port Leyden era uma vila pequena. Conhecíamos todo mundo. Conhecíamos a família do falecido. Tínhamos que mostrar respeito pelo falecido, pela família, e até mesmo pela cidade. Não estávamos removendo a neve para manter as calçadas limpas. O ato de remover a neve era muito mais para manter o caminho limpo para que os membros da família chegassem seguros à casa funerária. Era para que eles não escorregassem ou tivessem dificuldades pelo caminho. A família e os amigos já estavam tendo dificuldades suficientes com a morte do ente querido. Eles não precisam ter problemas ao ir para a casa funerária, e era o meu trabalho deixar o caminho o mais acessível possível para eles.

Aja como se o que você faz fizesse diferença. Pois faz!
— William James

Fui diagnosticado com câncer somente alguns meses após a morte do meu pai. Não tive chance de ficar de luto por ele porque agora estava de luto por mim. Meus sentimentos pelo meu pai foram ofuscados pelos meus próprios medos.

Foi só há pouco tempo que percebi o quão profundamente tenho saudades do meu pai. Estava no meio de uma entrevista sobre o Bilhetes de Guardanapo, quando, de algum modo, meu pai veio à minha mente.

— Sou um pai com uma missão, e minha missão é fazer com que cada pai se inspire a escrever para seus filhos. Não importa se uma vez por dia ou por semana, que esses pais estabeleçam o compromisso e escrevam pequenas mensagens.

Meu pai morreu há alguns anos e... não há nada que eu não daria para ter uma mensagem ou uma carta do meu pai. Mas agora é tarde demais.

Não há nada que eu não daria para ter uma mensagem ou uma carta do meu pai. Mas agora é tarde demais.

De repente, as emoções me embargaram e tive que respirar fundo para continuar falando. Essa profunda tristeza tomou conta de mim e percebi que, naquele momento, não estava pensando na Emma perdendo seu pai, pensava apenas como doeu perder o meu.

Minha mãe ouviu a entrevista. Ela sabia que deveria ter alguma coisa em casa que eu qualificaria como uma mensagem do meu pai. Ela vasculhou a casa. Cavucou caixas de antigas prestações de contas, fotografias, artesanatos, certificados de premiação, em busca de uma carta ou mensagem.

Ela achou uma. Embora tenha ficado com a original, ela escaneou e mandou para nós dois, Colleen e eu, uma cópia. Eu sabia o que era assim que abri o envelope. Reconheci a letra do meu pai imediatamente. Coloquei a carta de volta no envelope e explodi em soluços. Apesar daquilo ser exatamente o que eu desejava, não estava preparado para lê-la. Foi pouco depois de eu ter sido diagnosticado pela quarta vez, e eu não consegui ler a carta do meu falecido pai. Foi demais para mim.

Eu finalmente fui ler a carta alguns meses depois. Fazia parte de uma oficina de escrita de cartas que meus pais fizeram como parte do encontro de casamentos em 1978.

15/11

Querida família,

A maior parte do tempo eu sinto muito orgulho do trabalho que Garth e Colleen fazem na escola.

O pai foi um estudante preguiçoso e hoje fico envergonhado e constrangido pelas notas que recebi na escola — se vocês ao menos vissem meus antigos boletins, me dariam uma surra de A-T-I-T-U-D-E.

Quando a mamãe e eu vamos às reuniões ou até mesmo encontramos com seus professores, eles quase sempre dizem coisas fantásticas sobre vocês e o trabalho de vocês — isso me faz sentir um grande carinho pelos nossos filhos.

Às vezes, eu me sinto desapontado por vocês não trabalharem com mais afinco nas coisas que vocês não gostam — se vocês não gostam, é essa matéria que vocês colocam de lado até a última hora —, sendo que elas são as que mais precisam da dedicação de vocês. Vocês não estão brincando comigo — se vocês não gostam, é só porque é difícil.

Deus sempre foi muito bom comigo e com a mamãe — Ele nos deu dois filhos muito espertos, que normalmente nem precisam estudar para ter boas notas, e quando vocês se esforçam com o trabalho, normalmente alcançam os 100%.

Garth — *Às vezes Garth tem um problema, porque quando "você é o número 1, por que se esforçar mais?". Bem, "se esforce ainda mais para que você seja sempre o primeiro".*

Colleen — *Eu sei que Colleen começou mal este ano e não estava fazendo seu trabalho, mas a nova Colleen está fazendo um ótimo trabalho. O sr. O'Connor não pode estar enganado, e ela não mentiria para mim.*

Para concluir, eu tenho muita sorte em ter dois filhos que fazem um excelente trabalho.

Amém,

Papai.

Foi isso. Essas são as únicas palavras escritas que tenho do meu pai. Talvez existam mais, mas essas são as que tenho hoje.

Não é muito, mas estou agradecido por tê-las. Um lembrete de preocupação e cuidado do meu pai. Ele me conhecia bem. Sempre fui muito talentoso na escola, mas se não era algo que me interessava, eu tendia a ignorar as lições. Eu tinha dificuldade com frações. Tinha lutado com a tabuada no ano anterior. (Eu amo matemática agora, graças a Deus!) Lembro-me de um jantar quando frações e matemática foram uma prova para mim. Mamãe ia passar a semana em Saranac Lake. Papa (meu avô Keough) estava enfrentando um câncer e não ia muito bem. Minha mãe era enfermeira e passaria a semana lá. Ela preparou refeições ao longo de todo fim de semana e as congelou. Nós iríamos comer sopa de ervilha um dia, e meu pai decidiu que seria minha obrigação fazer o pão de milho. Peguei uma caixa de mistura de bolinho de milho na despensa e comecei a montar a receita. Dizia "1/3 de uma xícara de leite". Não sabia frações. Li isso como uma medida de três copos de leite e adicionei três copos de leite. Minha nossa, virou uma sopa. Não tinha noção do que dera errado e, então, fui perguntar para meu pai.

Acho que não preciso dizer que meu pai era modesto. Eles cresceu em uma família que não tinha muito para desperdiçar e jogar fora uma caixa de mistura de broa de milho estava fora de questão. A solução? Ele adicionou mais caixas da mistura até nivelar. Comemos pão de milho por semanas.

Não sei se essa lembrança viria à tona se não tivesse lido aquela carta.

Vivemos na era digital. Sou um cara tecnológico e amo usar meu *tablet* e celular para mandar mensagens e *e-mails*. Mas há algo sobre cartas manuscritas que ainda perdura. Você alguma vez já voltou aos seus *e-mails* para relê-los? Provavelmente, não. Mas se você está revirando alguma determinada gaveta e encontra uma mensagem escrita à mão, há chances de você parar e ler. Você fará uma pausa e se conectará com o autor, será lembrado de alguma coisa que esquecera há tempos, se sentirá emocionado com a visão da letra que é tão única a cada indivíduo.

Não espere. O tempo nunca será exato. – Napoleon Hill

Não consigo sequer começar a contar quantos guardanapos escrevi. Mesmo que eu pudesse estimar quantos Emma já recebeu, comecei a enviar mensagens aos nossos amigos no ano passado. Depois, comecei a enviar mensagens para pessoas que eu não conhecia, pessoas que precisavam de um conforto. Havia alguns guerreiros contra o câncer que eu notava que precisavam receber as mensagens. Com frequência, conseguia os endereços deles furtivamente, escrevia uma mensagem à mão e lhes enviava. Normalmente "esquecia" de escrever um endereço de retorno no envelope. Eu realmente gostava de saber que faria o dia de alguém e que eles não teriam ideia de como isso aconteceu.

Também recebi uma porção de mensagens em guardanapos. Cada uma é valiosa. Deus parecia saber quando eu precisava de uma mensagem e providenciava uma bem no momento certo.

Minha primeira mensagem chegou logo depois do meu terceiro diagnóstico. Foi um período particularmente difícil para mim. Começou com um conflito sobre o agendamento da minha tomografia e da biópsia da próstata. Esperava conseguir ambos para o mesmo dia, mas porque eu tinha um gracioso contraste no estômago, não poderia tomar o sedativo antes da minha biópsia da próstata. Não estava disposto a esperar. Mas me lembrava muito bem da dor da minha primeira biópsia e de como havia prometido que nunca mais faria uma de novo sem sedativo. Foi frustrante, mas eu fui determinado a me submeter à biópsia independentemente de quanta dor causaria.

A enfermeira Kaky Minter sempre foi a assistente do procedimento das biópsias de próstata. Ela era uma enfermeira cuidadosa e afetuosa. Preocupava-se genuinamente com seus pacientes e sabia que eu estava me submetendo àquela biópsia sem meu desejado sedativo.

O procedimento foi finalizado um tanto quanto rápido e eu limpei algumas lágrimas. Ela sabia que eu tinha acabado de me submeter a uma tomografia e, portanto, não tinha comido nada desde o dia anterior. Kaky assegurou que eu comesse algumas bolachas e bebesse *ginger ale*[5] para equilibrar meu corpo novamente. Conversamos sobre o Bilhetes de Guardanapo enquanto eu comia as bolachas de água e sal. Ela tinha visto a matéria no jornal. Foi uma boa distração da dor na minha bunda, literalmente.

Fui diagnosticado com câncer de rim um dia depois e começara a fazer planos para uma nova batalha.

Da enfermeira Kaky — 17 de novembro de 2013

Chegou em um envelope comum. Não tinha ideia do que havia dentro. Podia dizer que não era mais uma conta médica e, por isso, estava

5 Refrigerante à base de gengibre, consumido com mais frequência nos Estados Unidos, no Canadá, no Japão e na Inglaterra. (N.T.)

agradecido. Mas quando abri o envelope, fiquei fora de mim. Alguém me enviara um Bilhete de Guardanapo. Até aquele momento eu só havia escrito bilhetes em guardanapos para os outros, a maioria para Emma. Eu realmente nunca havia pensado em como receber uma mensagem de guardanapo me mudaria.

Oi, sr. Callaghan,

Pensei que você deveria receber um bilhete de guardanapo. Queria que você soubesse o quanto eu apreciei te conhecer e como sua história é inspiradora. Eu me deparei com a matéria no jornal outro dia e compartilhei com muitas pessoas.

Obrigada pela sua história e pelas vidas que ela tocou.

Continue seu excelente trabalho!

Atenciosamente,

Kaky Minter

Bem no fim, ela acrescentou:

Triunfo — vigor se une à tentativa[6]

6 Trocadilho no original em inglês entre as palavras *try* (tentar) e *umph* (vigor, energia) para formar *triumph* (triunfo). (N.T.)

Senti lágrimas brotarem no meu rosto novamente. Cara, esse câncer estava me transformando em um bebê chorão. Balancei minha cabeça, em descrença. Eu precisava daquelas palavras finais dela mais do que qualquer coisa. Lutar contra um câncer é uma longa batalha. Requer muito foco e vigor. Há dias em que estou funcionando apenas na reserva e não falo nada, para que minha família não se preocupe. Esse bilhete de guardanapo encheu o tanque das minhas reservas espirituais e mentais por semanas.

O primeiro Bilhete de Guardanapo da Emma — 13 de janeiro de 2014

Por anos venho escrevendo bilhetes de guardanapo para minha filha. Em 13 de janeiro de 2014 foi a primeira vez que ela me escreveu um, colocando-o secretamente junto ao meu almoço.

Fui para o trabalho aquela manhã exatamente como nos outros dias. Levei tanto o meu café da manhã, quanto o meu almoço. Conversava com meus colegas, quando abri o embrulho do almoço para pegar a minha aveia. Vi um papel toalha ao lado da minha comida. Olhei para aquilo e achei esquisito. Tinha certeza de não ter colocado nada semelhante lá dentro. Levou um minuto até eu perceber que alguém provavelmente o colocara ali.

Sorri antecipadamente.

Abri o papel toalha e vi um bilhete:

Se todos os meus amigos, realmente, se jogarem do penhasco, é porque foi minha ideia. Sinceramente, sua filha é uma líder, não uma seguidora.

P.S.: *eu acho que você usou todos os guardanapos.* <3

Emma colocara um bilhete de guardanapo no meu almoço. Ela o colocou lá secretamente, sem meu conhecimento! Meus olhos se encheram de lágrimas. Peguei o bilhete, andei pelo escritório e mostrei a todo mundo o que tinha encontrado. Minha filha escrevera uma mensagem para mim! Eu escrevia mensagens há anos. Sabia que ela as amava, mas isso era a prova de que significava alguma coisa para ela!

Quando cheguei em casa do trabalho aquele dia, dei um grande abraço nela e perguntei o que a tinha inspirado.

Ela respirou fundo.

— Pai, eu não faço o suficiente por você. Você faz tudo por mim. E eu tinha descoberto uma ótima mensagem para escrever no bilhete!

O segundo Bilhete de Guardanapo da Emma — 15 de janeiro de 2014

Aconteceu de novo.

Emma colocou novamente um bilhete de guardanapo nas minhas coisas antes de eu sair para o trabalho. A alegria que senti foi incrível. Eu tinha começado algo e Emma estava entendendo e começando a retribuir. Isso era impressionante! Minha filha, a quem eu vinha escrevendo bilhetes há anos, estava agora se comunicando comigo da mesma maneira.

O bilhete dizia:

Uma flecha só pode ser atirada ao ser puxada para trás. Então, quando a vida estiver te arrastando para trás, significa que irá te lançar para algo incrível.

A vida tem me arrastado para trás, mesmo eu resistindo com todas as minhas forças. Tinha sido um longo inverno e eu estava cansado. Estava exausto da batalha. A batalha estava ocorrendo em uma série de frontes.

Naquele dia, tivemos uma grande vitória. Nossa bomba de aquecimento era antiga, já tinha trabalhado por muitos anos. Passei o inverno todo me perguntando se ela finalmente pararia de funcionar. Naquela tarde, recebi um telefonema da Jame River, empresa de ar-condicionado, e eles estavam nos dando um desconto substancial para um novo sistema! Poderíamos esperar por um verão mais fresco!

Naquele dia eu era a flecha.

Terry Martin — 7 de março de 2014

A quaresma havia começado. Parei em uma igreja para conversar com Ed Golden, o grande cavaleiro dos Cavaleiros de São Miguel de Columbus.

Tinha procurado os Cavaleiros na minha igreja quando lutava com a minha fé. Os Cavaleiros de Columbus foram criados em 1882, pelo padre Michael J. McGivney, para ajudar as famílias católicas que haviam perdido seus provedores. Eu estava bastante preocupado em morrer e deixar minha família com uma montanha de contas médicas para pagar, e os Cavaleiros tinham um programa no qual eu poderia receber assistência em algumas dessas contas.

Aquele grupo de homens transformou-se em algo muito mais importante do que eu imaginara.

Juntei-me a eles após alguns meses. Cada encontro começava com orações, e todo grupo rezava por mim e pelo sucesso da minha batalha. Aqueles Cavaleiros me receberam de braços abertos. Sentia-me seguro com eles.

Eu não tinha planejado ficar para a sexta-feira do peixe frito. Além disso, Lissa estava fazendo o jantar. Enquanto conversava com Ed, um dos meus colegas cavaleiros veio até mim e perguntou se a gente iria ao evento. Expliquei que tínhamos outros planos, mas ele não quis ouvir. Fariam um pacote para viagem para minha família.

Foi extremamente gentil. Fiquei agradecido. O embrulho para viagem representou um cuidado daquele grupo de homens. Significava que Lissa não tinha que fazer o jantar. Era uma ajuda na alimentação e demonstração de boa vontade.

Cheguei em casa empolgado para compartilhar o saco de guloseimas com minha família. Todos nós enchemos nossos pratos e nos sentamos para uma noite de filmes. Emma foi a última a se servir e achou um bilhete de guardanapo na sacola.

Garth,

Você está tocando as pessoas de uma forma tão positiva...

Você é uma inspiração e eu o admiro muito.

Terry

Terry Martin, o homem que me trouxe para os Cavaleiros de Columbus, escrevera um bilhete para mim. Mais uma vez, eu estava perplexo.

Precisava daquela mensagem exatamente no momento em que a recebi.

Fico admirado como cada uma dessas mensagens chegaram a mim no exato momento em que eu precisava de um ânimo, em que precisava de um lembrete de que o que eu estava fazendo importava. Que havia momentos de vitória, mesmo quando me sentia atolado em derrotas.

Palavras são instrumentos poderosos. Elas podem destruir e construir. Todos os dias nós temos esse poder.

LIÇÃO 58:

CONSTRUA UM TIME MELHOR DO QUE VOCÊ.

Eu fui muito sortudo por ter as equipes com as quais trabalhei. Posso, com honestidade, dizer que todas as minhas equipes superaram, de longe, minhas habilidades. Meu time na City Express era capaz de receber instruções e executá-las completamente. Eram capazes de alcançar os objetivos mesmo quando eu não estava lá para conduzir. Eram independentes e grandes solucionadores de problemas. Eu confiava neles para fazer o trabalho.

Quando eu estava na empresa 127TECH, aprendi a fornecer direções no começo de um projeto e, então, deixar o processo rolar. Fornecia, quando possível, orientações. Frequentemente, nos dividíamos em grupos menores, e não éramos capazes de nos comunicar uns com os outros. Tínhamos que confiar que cada um estava completando as tarefas fornecidas. Eu não só contratei companheiros fortes, mas também pessoas que preenchiam lacunas e eram capazes de compensar as minhas deficiências.

Construa o time da sua vida para ser melhor do que você. Construa sua família. Construa sua equipe de trabalho. Apoie-os como líder e deixe-os apoiá-la como o seu time.

QUARTO ROUND

Sabe todas aquelas coisas que você queria fazer? Vá e faça-as. Com amor, papai.

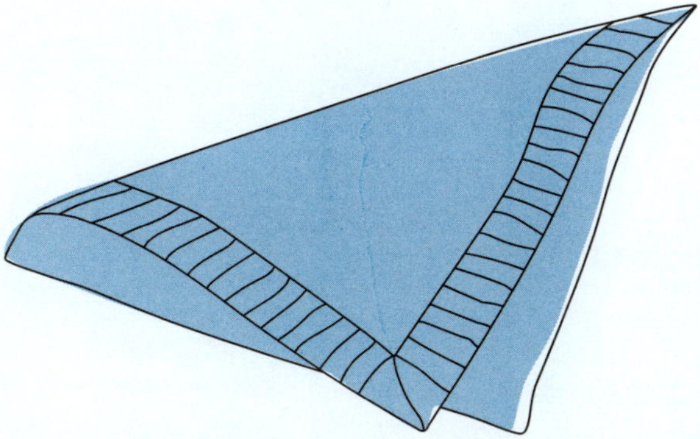

19.

EFEITOS COLATERAIS

Era fevereiro, exatos dez dias após eu oficialmente começar a tomar aquele novo medicamento que deveria manter meu câncer de rim sob controle. Estava na época dos meus exames semestrais. Sim. Você acertou. Eu tinha mais um câncer. Rim de novo. De três a cinco lesões no meu rim. E alguma coisa a mais na minha glândula suprarrenal.

Felizmente, eu já estava tomando as drogas que eles me dariam. Dr. Swainey deixou claro:

— Esse medicamento é a melhor e última oportunidade que temos. Se não funcionar, teremos que nos contorcer. Obviamente, temos os planos B, C e D, provavelmente o caminho inteiro até K. Mas realmente esperamos que essa droga funcione.

Os medicamentos faziam eu me sentir terrível, como se estivesse morto. Mas se eles me mantinham por aqui, é claro que eu tinha que tentar.

Alguns dias são bons, outros ruins. Em geral, não me sinto fantástico. As drogas realmente me derrubam. Eu sabia que essa não seria uma caminhada fácil. Os efeitos colaterais são um pouco problemáticos:

- Diarreia (Conferido! Conferido duas vezes! Conferido três vezes!)
- Fadiga (Conferido!)
- Náusea (Conferido!)
- Mudança na cor do cabelo (Conferido!)
- Perda do paladar (Conferido! Muitas coisas têm um sabor em preto e branco, mas

eu quero comer em um mundo em alta definição!)

- Perda de apetite (Conferido! Perdi cerca de 9 quilos.)
- Vômito (Só uma vez, mas, caramba, foi horrível.)
- Dores à direita, na região abdominal (Conferido!)
- Facilidade para contusões (Conferido!)
- Batimento cardíaco irregular ou fraco (Conferido!)
- Desmaio (Ainda não, graças a Deus!)
- Problemas de sangramento (Conferido! Como eu amo a falta de dignidade de um nariz sangrando...)
- Pressão alta (Conferido!)
- Problemas de tireoide (Conferido!)

Deixe-me esclarecer as coisas. Estou agradecido — sim, agradecido por estar tomando esse medicamento. Ele representa minha melhor chance de combater esse câncer. Claro que vem com alguns desafios. E eu os aceitarei dia após dia.

Alguém me perguntou se era quimioterapia. Não é. Tecnicamente, não é nada semelhante à quimio. No entanto, é fácil dizer que "é quimio", com exceção de que eu tomo todos os dias e realmente não tenho uma pausa. Não tive todos os efeitos colaterais ao mesmo tempo, mas fui atormentado pelos mais pesados.

Tenho que fazer exame de sangue a cada duas semanas porque um dos efeitos colaterais desse medicamento é a falha do fígado. Outro dia, Lissa e eu estávamos no consultório do meu médico. Ele queria suspender a medicação por alguns dias porque meu fígado não estava aceitando-a bem. Ele também se preocupava com os impactos cumulativos dos efeitos colaterais. Além de estar em má forma, eu também não estava lidando bem com o medicamento.

Refutei seu desejo de fazer uma pausa.

— Sou um paciente de dose completa. Quero registrar publicamente que não quero isso.

Ele sorriu de leve e respondeu:

— Notável.

Eu não ganharia essa batalha, especialmente não com a Lissa na sala. Ela era uma testemunha.

Lissa sabia que meu corpo estava sob estresse e que eu estava próximo dos meus limites físicos. Ela perguntou ao médico:

— Por quanto tempo ele ainda tomará isso?

O médico se virou para ficar de frente com minha esposa e disse:

— Sem-pre.

Assim mesmo. Sílaba por sílaba. Como se a palavra "sempre" não fosse dramática o suficiente.

Teria que tomar esse remédio pelo resto da minha vida. Pense um pouco sobre isso por um segundo antes de continuar.

Eu devo tomá-lo pelo resto da minha vida. O que você faria? Você tomaria esse maldito medicamento. Dê ao seu corpo uma chance de vencer! Viva! Eduque seus filhos! Mude o mundo!

O que você faria para viver?

Isso. Isso é o que eu faço. Ficar sob efeitos de medicamentos é o que eu, provavelmente, farei pelo resto da minha vida.

Toda noite, antes de ir para cama, vou ao banheiro. Pego o frasco de remédio na prateleira do armário. Coloco os comprimidos na palma da mão. Fecho os meus olhos e rezo: "Querido Deus, faça com que este medicamento mate o meu câncer". Em alguns dias, acrescento a advertência: "E, por favor, vamos minimizar os efeitos colaterais". Mas, na maioria das vezes, eu não acrescento essa parte. Sei o que realmente é importante.

E em meio ao caos dos remédios e seus efeitos colaterais, ainda farei uma pausa. Prepararei o almoço da Emma. Escreverei seus bilhetes de guardanapo. Irei me conectar com ela mais uma vez.

Embrulhe. Escreva. Conecte-se. Repita.

LIÇÃO 59:

TUDO BEM TER UM TRABALHO QUE ESTÁ UM POUCO ABAIXO DE SUAS HABILIDADES.

Um dos melhores assistentes de gerência trabalhou comigo na Circuit City Express, no shopping Copley Place. Alan Ware era simplesmente uma pessoa fenomenal e um grande assistente. Eu sei que ele recebera diversas propostas para se tornar um gerente de loja. Ele estava feliz com seu cargo e não queria as responsabilidades adicionais (leia-se complicações) que viriam ao se tornar um gerente de loja. Alan queria ter tempo para cultivar sua paixão pela música — ele era um baterista fantástico.

Respeito muito a decisão de Alan em recusar as promoções. Ele sabia o que queria daquele trabalho e estava completamente satisfeito em ser um assistente de gerência, embora ele fosse mais do que qualificado para ser algo mais.

20.

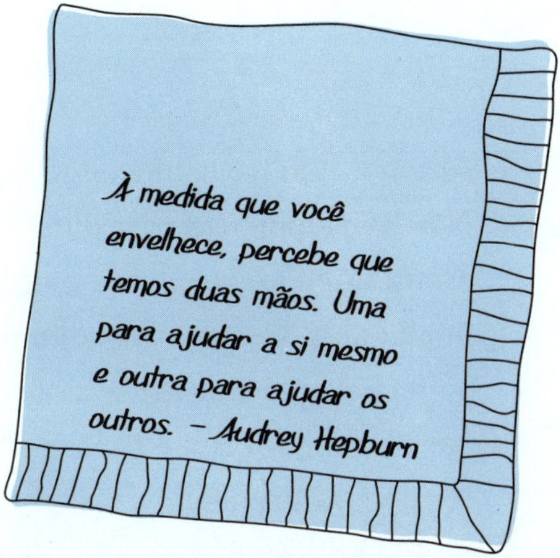

BOIAS SALVA-VIDAS

Ficar sozinho com seus pensamentos pode ser perigoso, especialmente para um paciente com câncer.

Quando fui diagnosticado a primeira vez, estava sozinho. Ouvi as terríveis palavras "Você tem câncer", e o resto da consulta se arrastou. Embora diversas outras coisas tenham sido ditas, explicações dadas e planos iniciais definidos, não consegui ouvir nada. Estava verdadeiramente sozinho. Não havia ninguém para me apoiar. Não havia ninguém para ouvir o que o médico estava dizendo. Não havia ninguém para segurar minha mão. Deixei o consultório e saí do prédio. Voltei para o meu carro e dirigi de volta para casa. Sozinho. Lissa e Emma não estavam lá. Eu continuava sozinho.

Fiquei sozinho por cerca de três horas naquela tarde. Nunca fiquei sozinho desde então.

Toda minha família tem câncer. As células cancerígenas estão somente no meu corpo, mas o câncer está nos impactando amplamente. Lissa, Emma, minha mãe e minha irmã sentiram o impacto miserável desta doença. Todos nós nos sentíamos doentes. Estávamos igualmente preocupados. Íamos às consultas médicas juntos, esperávamos por resultados juntos. Agora que estou tomando os medicamentos, temos dias ruins juntos. Quando há bons resultados das ressonâncias magnéticas, celebramos juntos.

Estou cercado por pessoas que cuidam de mim. Sem elas, não sei onde eu estaria.

Boia salva-vidas #1: Emma

Quando fui diagnosticado, pensei que Emma estivesse lidando bem. A conversa inicial foi difícil e os medos transbordaram junto com algumas lágrimas. Eu tinha de assegurar que ela entendesse o que câncer significava de um ponto de vista prático, além de incluir uma explicação médica. Ela parecia ser uma Emma bastante normal depois disso. Não houve olhares preocupados, e eu não vi muita apreensão em seu rosto.

Não sabia que ela e Lissa estavam propositadamente escondendo de mim a preocupação de Emma. Não foi por malícia. Eu tinha que esperar seis semanas até a minha primeira cirurgia. Sabiam que eu estava estressado e cheio dos meus próprios medos e elas estavam me protegendo.

Emma e Lissa se aconchegavam na hora de dormir. Frequentemente, eu colocava minha cabeça para dentro do quarto de Emma e lhe dava um beijo de boa-noite, mas eu não queria interromper o momento delas juntas. Mais tarde, descobri que o tempo foi usado para falar sobre mim, sobre o câncer, a cirurgia e várias outras preocupações acerca do que estava acontecendo com a nossa família.

Sei que Emma se sacrificou por causa da minha batalha. Eu não tinha o nível de energia ao qual ela estava acostumada. Perdi oportunidades de brincar com ela. Há dois anos ela não recebia uma atenção regular. Nós nos inscrevemos, atrasados, para o *softball* de 2014 e ela não conseguiu uma vaga da lista de espera. (Isso acabou dando certo no fim, porque montamos um time do bairro e a equipe era fantástica. Vai, Rockville!)

Mais tarde, ela aceitou minha batalha e ajudava na luta. Seus piores dias eram quando eu me sentia indisposto. Ela não gostava quando eu sofria e se sentia, de algum modo, desamparada. Ela cuidava de mim, sempre esteve presente para me cobrir com uma manta, pegar uma bebida, ou abdicava de ser colocada na cama, sem reclamar. É humilhante perder a oportunidade de colocá-la para dormir porque estou muito cansado e já deitado. Nessas noites, ela me colocava para dormir e me dava um beijo de boa noite.

Por catorze anos, eu a coloquei para dormir. Agora, é ela quem me coloca. Não estou preparado para ter minha filha cuidando de mim, mas todos nós fizemos alguns ajustes durante essa doença.

Emma também permitiu graciosamente que eu contasse a nossa história e se juntou a mim nesse esforço. Eu nem sequer consigo expressar como é assistir a minha filha de 14 anos não só aparecer em rede nacional com graça e elegância, mas também responder com uma calma que me surpreende a perguntas angustiantes, como o que ela fará sem mim. Ela se tornou alguém em quem eu me espelho e admiro.

Boia salva-vidas #2: Colleen

Colleen, minha irmã, e eu nunca fomos muito próximos enquanto crescíamos. Não consigo dizer o porquê. Tínhamos idades próximas, somente dois anos e meio de diferença, mas eu tinha atitudes difíceis de compreender. Nossos pais tentavam, com frequência, nos forçar a brincar juntos nos dando brinquedos complementares. Eu recebia o boneco do homem biônico do personagem da série de TV *O Homem de Seis Milhões de Dólares* e Colleen recebia o centro de controle da missão feito por Steve Austin. Essas táticas terminavam em resultados desastrosos, lágrimas e alguns hematomas.

Uma vez, quando pintávamos as paredes do meu quarto de uma cor diferente, eu vim por trás e passei o cabo do meu pincel nas costas dela. Claro que tinham algumas gotas de tinta pingando das cerdas e parecia que eu realmente havia pintado suas costas. Ela se virou e passou tinta no meu peito. Fingi surtar e disse a ela que apenas havido fingido pintar as suas costas. Gritei "Vou contar para a mãe!", enquanto ela mergulhou o pincel e começou a pintar sua camiseta para cima e para baixo, enquanto implorava "Por favor, não conte. Por favor, não conte".

Fico feliz em dizer que meu relacionamento com Colleen amadureceu e se fortaleceu quando crescemos. É raro o dia em que um de nós não manda mensagens um para o outro. Estamos sempre compartilhando fotos dos nossos filhos entre nós. Eu gosto de verdade de ser seu irmão.

Ela é meu suporte mental. Sempre está lá para me animar. Eu queria que morássemos mais perto. Só conseguimos nos ver uma vez por ano, e isso não é o suficiente.

Sei que minha batalha a feriu gravemente. Nem ao menos sei a extensão da sua dor. Colleen sempre fica emocionada quando dizemos adeus e vamos embora após uma visita, mas, desde que tenho câncer, essas despedidas tornaram-se mais pungentes e chorosas. Ela é minha camiseta de apoio número um do Star Wars. Sequer posso contar quantos cartões e cartas eu recebi dela. Eu sei que Colleen e seu marido, Rob, fariam qualquer coisa que estivessem ao seu alcance para me curar e me apoiar.

Boia salva-vidas #3: mãe

Tenho certeza de que é difícil para uma mãe assistir à batalha do seu filho contra um câncer, em qualquer idade. Tento proteger minha mãe às vezes. Não queria que ela encarasse uma responsabilidade exagerada enquanto enfrentávamos essa batalha, especialmente logo após a perda do meu pai. Ela encarou essa batalha como se eu ainda fosse seu pequeno menino, vivendo em casa na quarta série.

Infelizmente, ela teve de assistir a maior parte do lado de fora. Há muito pouco o que ela ativamente pode fazer. Ela tenta me animar nos dias que estou em dificuldades, e sempre está presente para se juntar a nós quando as coisas estão indo bem.

Minha mãe ainda vive na minha cidade natal, Port Leyden, no Estado de Nova York. É uma comunidade muito unida. Tem que ser. Há apenas 600 habitantes. Em 2013, um pouco depois do meu diagnóstico, ela queria organizar um evento beneficente para mim. Não sabia bem o que isso implicava, mas ela explicou que tudo que eu precisava fazer era dar as caras caso estivesse saudável o suficiente.

Eu estava hesitante em pedir ajuda financeira dessa maneira. Port Leyden não é uma comunidade próspera. Como eu poderia pedir assistência a essas pessoas? Eu ainda tinha a esperança de que alguma coisa faria a pilha de contas médicas ir embora. Mas isso não aconteceu. E não aconteceria. Meus médicos estavam convencidos de que eu lutaria contra o câncer pelo resto da minha vida.

Mas eu sabia que minha mãe estava ansiosa para gastar um pouco de toda sua energia. Não tinha a mínima ideia se ela já havia organizado algo assim antes. Conversei com ela e disse que estava aberto às doações e que faria o meu melhor para conseguir ir a Port Leyden para o evento.

Ela e Colleen começaram a planejar. Até hoje, não sei tudo que foi feito para o evento acontecer. Elas planejaram por cerca de três meses. Havia um comitê com cerca de doze pessoas — velhos amigos de escola, vizinhos e membros da igreja. De vez em quando, minha mãe me pedia opinião sobre algo relacionado às doações. Em certo ponto, logo após eu iniciar a terapia adjuvante e enfrentar vários efeitos colaterais, pedi para ficar de fora. Poderia esperar e ser surpreendido até chegar em Port Leyden. Confiava que elas lidariam bem com tudo.

Voei de casa até Port Leyden na noite anterior ao evento beneficente. Foi um longo voo que se transformou em uma jornada de noventa minutos de carro do aeroporto até o hotel. (Hotel The Edge. Hospede-se lá. O dono, Tracy Hurilla, e seus funcionários fazem de lá o melhor lugar para ficar ao norte de Nova York. É o hotel favorito da Emma. Ela até escreveu um artigo sobre isso.)

Acordei cedo no sábado, muito cedo. Tomei um pouco de café da manhã no *lobby* e aproveitei o tempo tranquilo para escrever. Ainda estava escuro lá fora, minha hora favorita da manhã. Infelizmente, era muito cedo para alguém que está enfrentando o câncer e eu tive que voltar para a cama depois de algumas horas. Minha mãe apareceu no hotel para uma visita antes do evento começar, mas eu estava dormindo. Não consigo imaginar como ela se sentiu, sabendo que eu estava literalmente a alguns metros de distância, mas com tanto sono que sequer a ouvi bater na porta.

Depois que acordei de novo e tomei meu segundo café da manhã, me preparei para dirigir alguns quilômetros de volta a Port Leyden.
Foi surreal chegar ao Fire Hall, um marco da minha juventude. O local servia como um centro

comunitário para nossa pequena cidade. É onde fica a piscina pública, onde jogos da pequena liga ocorrem e é onde acontecem muitos outros eventos. A placa do lado de fora indicava: "Evento beneficente para Garth Callaghan em 26 de abril". Dia 26 de abril também é aniversário da minha mãe. Tenho certeza de que ela planejou o evento nessa data para eu poder estar em casa com ela!

Entrei no Fire Hall e imediatamente vi Colleen. Nós nos abraçamos e conversamos um pouco. Fiquei impressionado e devastado com a quantidade de coisas que tinham sido doadas para o leilão. Havia centenas de itens e mais comida do que seria possível comer. Havia desde um banquinho feito a mão com dizeres do Star Wars no topo até uma prateleira em forma de canoa. Havia cestas de vinhos para presentes, uma cesta com a temática do Canadá e um livro de receitas com uma foto autografada da Rachael Ray. Sério? Minha mãe pediu para Rachael Ray enviar algo para o leilão? Não podia imaginar minha mãe fazendo aquilo, muito menos Rachael oferecendo alguma coisa.

Andei por ali só por um minuto até minha mãe me ver. Ela praticamente tropeçou quando atravessou rapidamente a multidão do salão para vir até mim. Essa foi a primeira vez que Colleen e minha mãe tinham me visto com o meu novo cabelo branco, um efeito colateral do remédio que eu estava tomando. Ela me abraçou forte e, claramente, não queria me deixar ir. Foi uma reunião alegre porém amarga. Eu estava feliz por estar lá, mas humilhado pelo motivo.

Enquanto examinava o salão, meus olhos recaíram sobre uma colcha pendurada no fim do cômodo. Aproximei-me, sabendo do que se tratava, mas ainda sem acreditar nos meus olhos. Era uma colcha contendo centenas de quadrados em forma de guardanapo e em cada um deles estava bordado um Bilhete de Guardanapo. Essa foi a primeira vez que vi uma homenagem dessas para a causa. Meu olhos se encheram de lágrimas. Foi bonito, e eu não podia imaginar o esforço que havia sido criar aquela obra de arte.

As sete horas seguintes são um borrão na minha memória. Foi um dia longo. Centenas de pessoas compareceram. Havia colegas de sala do Ensino Médio; amigos de Port Leyden, da igreja e vilas vizinhas; professores antigos; e até amigos da família que viajaram do Canadá. Conversei com amigos que não via há anos. Fiz novos amigos. Parentes próximos dirigiram por todo o Estado para a visita. O leilão durou horas. Eu precisava me sentar. Precisava comer. Não fiz nenhuma das duas coisas. A tia Ruth tentou me ajudar, mas ela não conseguia manter seus olhos sobre mim o tempo todo.

Finalmente, começamos a limpar depois das seis. Estava exausto, me sentindo cansado e nauseado.

À medida que a limpeza chegava ao fim, me despedi e agradeci a todos que ajudaram. Fiz meu caminho de volta para o hotel e contemplei a seriedade do dia. Todas as pessoas que compareceram, voluntários, que doaram seu tempo, talento e tesouros... Eles fizeram tudo isso para ajudar a mim e a minha família. Chorei. Estava comovido, sem palavras. E, pela primeira vez em anos, ansioso para pagar minhas contas médicas.

Você acreditaria se eu dissesse que o leilão organizado pela minha mãe levantou dinheiro suficiente para cobrir 75% das minhas despesas médicas? Eu ainda não posso acreditar. E sou grato, palavras não conseguem expressar o quanto.

Boia salva-vidas #4: Lissa

Claro, a primeira pessoa que cuidou de mim foi Lissa. Ela fez tantos ajustes para acomodar minha batalha. Eu sei que há momentos em que ela é pressionada além do limite. Não sei como consegue lidar com isso todo dia.

Lissa manteve nossa família em funcionamento. Ela se reajustou para um novo estilo de vida mais uma vez. Ela manteve o ânimo da nossa filha. Manteve o meu ânimo. Ela me dá forças quando estou sem energia física ou mental. Eu não cortava a grama há, pelo menos, um ano. Essa sempre foi minha tarefa em nosso casamento. Lissa começou, em silêncio, a fazer ela mesma o trabalho. Estou mais do que grato por não ter de admitir para ela que eu não conseguia mais fazer isso.

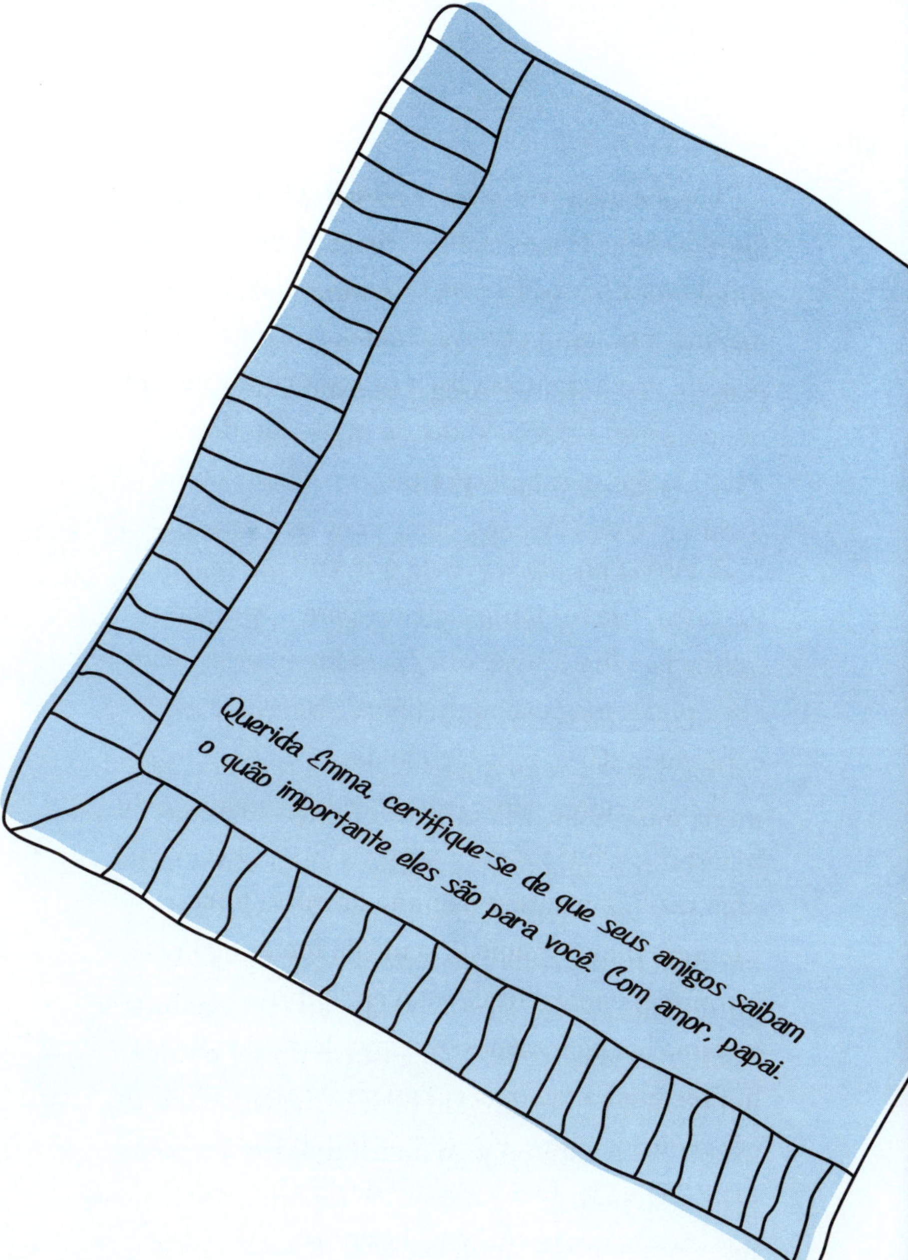
Querida Emma, certifique-se de que seus amigos saibam
o quão importante eles são para você. Com amor, papai.

Lissa estava sentada no consultório comigo quando o dr. Swainey me disse que eu morreria de câncer de rim. Ela ouviu essas palavras no mesmo momento que eu. Não consegui respirar por um segundo. Essa foi a primeira vez que Lissa ouvira essas palavras ditas de modo tão direto. Mas ela também interpretou as palavras do dr. Swainey como "Vamos olhar para isso de uma forma diferente agora. Vamos achar um outro caminho". Eu não ouvi isso. Graças a Deus, ela estava lá.

Mais uma vez, nos reajustamos a uma nova rotina. Lissa realmente está atenta a mim e aos meus interesses. Ela sabe os efeitos colaterais do meu tratamento e se ajusta a cada um. Outro dia, eu estava sentado no banco de reservas em uma das partidas de *softball* da Emma. As arquibancadas ficam sob o sol e eu não aguentaria assistir ao jogo de lá. Não gostava de ser o único pai lá no murmurinho do banco, mas não queria deixar de assistir ao jogo da Emma. Então, eu me sentei lá, no banco escuro. De repente, comecei a me sentir tonto. A tontura chegou do nada. Antes que eu percebesse, Lissa estava ao meu lado com um punhado de uvas e uma garrafa de água. Não sei como ela chegou ali tão rápido, do seu lugar nas arquibancadas, muito menos como ela percebeu que eu não estava bem. Graças a Deus, ela notou!

Ela sempre está presente quando preciso. Eu me sinto inacreditavelmente triste por ter trazido esse fardo a ela. Ela merece coisa melhor. Embora ela não pense isso. Ela sabe que se comprometeu a ter uma vida comigo quando nos casamos naquele dia na funerária. Na alegria e na tristeza. Espero que a gente consiga mais alegrias nos próximos anos.

Minha vida seria terrível se eu tivesse que enfrentar isso sozinho, sem a família para me animar. Tenho muita sorte por ter quatro rochas sob mim, me equilibrando, me segurando, me apoiando. Sou eternamente grato por isso.

Essas são as coisas que importam. Se fosse meu último dia na Terra, você acha que eu pensaria nos empregos que tive, nos livros que li, no dinheiro que ganhei ou até mesmo nos bilhetes de guardanapo que escrevi? Não. Eu pensaria somente nas pessoas que amo, nos relacionamentos que fizeram minha vida cheia de emoções intensas. Na garotinha que agora, de algum modo, já é uma jovem mulher.

21.

QUERIDA EMMA

Embora cada fase da vida da Emma tenha tido seus desafios particulares, eles foram todos relativamente fáceis. Quando recém-nascida, Emma não dormia a noite toda até completar dezoito meses. Na maioria dos dias, eu ficava grato por conseguir ir para o trabalho, sabendo que Lissa teria que penar ao longo do dia sem ter recarregado as baterias durante a noite. Na verdade, acho que essa fase foi a mais difícil para nós até agora. Eu diria que temos sido muito abençoados. Tivemos alguns pormenores, mas nada que você não espere ao educar uma criança.

E, então, Emma se tornou uma adolescente. Esperamos a tempestade desabar. Nós nos preparamos. Ainda estamos esperando. Com frequência, me recordo daquelas noites quando eu a embalava até o adormecer e desejava que ela pudesse permanecer pequena. Mesmo com toda a preparação, eu quero que minha garotinha seja sempre minha garotinha. Com certeza não estou preparado para ela sair de casa para a universidade.

Embora eu queira que ela continue sendo a minha garotinha para sempre, sei que é o meu trabalho prepará-la para se tornar uma adulta. Não quero que seja uma moça mediana. Quero que seja extraordinária, bem desenvolvida, graciosa, humilde e notável. Quero que seja capaz de contar suas próprias histórias e ter quem as aprecie.

Recentemente, passamos a permitir que Emma tomasse suas próprias decisões. É apropriado. Ela tem, afinal de contas, catorze anos. Pelo amor de Deus, ela poderá dirigir em apenas um ano.

Ela tem que ser capaz de fazer algumas escolhas em sua vida! Meu pai não era muito bom em me ajudar com as minhas decisões. Ele dizia com frequência: "Já arquei suficientemente com meus próprios erros, não quero ser responsável pelos seus também". Embora eu gostasse de poder tomar minhas próprias decisões, houve momentos em que realmente precisei que meu pai tomasse a dianteira e me mostrasse diferentes direções. Fiz o melhor em permitir que Emma tomasse suas próprias decisões e em guiá-la quando sentia que ela precisava.

Há momentos em que ela tem que decidir sozinha. Não estamos sempre por perto. Confiamos que ela fará seu melhor.

Há apenas algumas semanas, tivemos nossa primeira discussão "de adolescente". Ela fez, sozinha, uma escolha ruim. Claramente, não se perguntou "o que meu pai gostaria que eu escolhesse?". Eu fiquei muito desapontado. Na verdade, questionei meu papel como pai e me perguntei onde poderia ter errado. Sei que os adolescentes vivem em seus próprios mundos e não necessariamente pensam no dos outros, mas isso foi difícil para eu aceitar. Fiquei genuinamente magoado e não tinha certeza do que fazer.

Emma pisava em ovos comigo. Ela sabia que eu estava desapontado. Evitava me olhar nos olhos e realmente não queria falar comigo. Acho que pensou que eu estava bravo. Na verdade, eu estava desesperado por uma orientação sobre como os pais deveriam agir nessa situação. Nenhum de nós sabia como lidar um com o outro.

Meu pai não está mais aqui para me dar conselhos. E eu precisava de um conselho paterno. Pensava sobre isso seriamente, quando tudo se encaixou. Não sei por que eu estava tendo dificuldades com essa situação. Eu não precisava pensar nela. Deveria rezar por ela. Pensei no único "pai" que me restou. E se eu tivesse desapontado Deus? Como Ele se comportaria e como Ele gostaria que eu me comportasse?

Deus sempre esteve presente para mim. Ele nunca me deu, nem me dará as costas. Nunca me afastarei de Emma. Como eu poderia demonstrar isso a ela? Lembrei-me de um momento quando eu tinha cerca de sete anos. Botei na cabeça que a vida com a minha família era muito injusta e "fugi". Fui embora por um curto período de tempo. Recebi um livro depois dessa experiência. *O Filho Pródigo*. Era sobre um filho que pediu por sua herança antecipadamente, fugiu, gastou todo o dinheiro e voltou com vergonha para a casa do seu pai. Ele estava planejando se humilhar e pedir para se tornar um servo. Seu pai o viu retornando, correu para cumprimentá-lo e imediatamente o recebeu de volta e preparou um banquete pela honra de seu filho. Seu irmão questionou o pai, que simplesmente respondeu: "Filho, tu estás sempre comigo, e tudo o que é meu é teu. Convinha, porém, fazermos esta festa, pois este teu irmão estava morto, e reviveu; tinha se perdido, e foi achado" (Lucas 15,31-32).

Quantas vezes na minha vida eu dei as costas para Deus? Ele alguma vez já se afastou de mim? Não. Ele sempre esteve esperando que eu retornasse e se encheu de alegria quando o fiz.

Imprimi uma cópia desses versículos da Bíblia e pedi a Emma para lê-los. Depois que ela teve a chance de absorver o conteúdo, sentei-me com ela e expliquei o significado de toda história.

Havia algumas nuances para entender as palavras, a linguagem e as frases. Dividi com ela minha interpretação. O pai era Deus, e o filho os humanos. Deus está sempre presente para nos apoiar, não importa o quanto a gente tenha estragado as coisas. A gente só precisa retornar, ir para casa e perguntar.

Sim, ela tinha cometido um erro. Ela provavelmente cometeria outros. Sim, suas ações poderiam de tempos em tempos me desapontar. Eu a olhei nos olhos. Eu *sempre* te amarei. Eu *sempre* estarei lá para você. Eu *sempre* te apoiarei.

Eu *sempre* irei te buscar.

Foi uma ótima conversa. Acho que ela entendeu minha visão sobre o que é ser pai. A intenção nem era falar com ela sobre isso. Realmente queria conversar sobre escolhas e comportamentos.

Acho que, no fim, causei um impacto maior com a discussão por causa da forma como ela foi conduzida.

A vida seria maravilhosamente fácil se eu pudesse me sentar na cadeira de balanço toda noite por volta das 22h, alimentar Emma com sua mamadeira e balançá-la até ela dormir.

Mas não trocaria o momento atual por nada.

22.

MINHA LISTA DA VIDA

Ao longo deste livro, apareceram pequenas lições de vida. Elas são para Emma. Isso porque, em vez de escrever um capítulo com minha lista de todas as coisas que quero fazer antes de morrer, eu tenho criado uma Lista da Vida para Emma. Uma lista com todas as coisas que quero que ela experimente na vida. As coisas que quero que ela aprenda ao longo do caminho. Algumas delas são enormes; outras, menores. Mas essas são coisas que quero que ela conheça.

Obviamente, não desejava compartilhar isso dessa maneira. Queria ter a certeza de que estaria presente, sempre. De caminhar com ela ao longo da vida. Conversar com ela sobre qual universidade ela deveria cursar. Aconselhá-la em relação a qualquer relacionamento que ela venha a ter. Ajudá-la a escrever seus artigos de admissão na universidade. Treiná-la para a sua primeira entrevista de emprego.

Mas todos nós sabemos que talvez isso não seja possível.

Odeio dizer isso, mas temos de reconhecer essa possibilidade.

Bilhetes de Guardanapo não é sobre morrer. Bilhetes de Guardanapo é sobre viver. É sobre passar lições importantes aos nossos filhos. É sobre compartilhar todos os dias o quanto a gente se importa. É sobre perceber o poder que a gente tem de fazer a diferença todos os dias. Você pode pensar que algumas palavras em um pedaço de papel não importam. Mas importam. Espero que este livro mostre isso.

Pare de perder tempo. Pare de arrumar desculpas. Quem é mais importante para você?

Você diz a eles que os ama todo dia? O que você está ensinando aos seus filhos? Quais valores você está incutindo neles? Você pode reservar um tempo para escrever uma mensagem? Para ter uma conversa? Para colocar o telefone de lado, desligar a TV e achar um jeito de se conectar? Todos os dias?

O Bilhetes de Guardanapo é bem claro: não sou um homem notável, apenas arrumei uma plataforma para nos lembrar como tudo isso é simples. É sobre amor. É sobre comunicação. É sobre fazer pequenos esforços que tenham grande significado.

Você se juntará a mim? Você se tornará um pai ou uma mãe de Bilhetes de Guardanapo, ou uma esposa ou um marido de Bilhetes de Guardanapo? Isso é o que importa. Nada mais.

A Lista da Vida para Emma

1. Aprenda a receber críticas com cortesia.
2. Aprenda a fazer um brinde.
3. Tenha um chefe que você ame.
4. Seja despedida.
5. Torne-se uma eterna aprendiz.
6. Não tenha medo de renunciar.

7. Ame alguém mesmo que você saiba que não dará certo.
8. Doe dinheiro.
9. Seu parceiro não deve ser o propósito da sua vida.
10. Receba presentes com cortesia.
11. Aprenda as funções básicas de um carro.
12. Seu estilo de cabelo não é você.
13. Esteja disposta a aprender com os mais velhos.
14. Dê presentes significantes.
15. Sempre faça o seu melhor.
16. Não acelere.
17. Não beba e dirija. Nunca.
18. Tenha prazer em usar o transporte público.
19. Perca-se em um país, onde você não fale a língua.
20. Apenas você é responsável pela sua felicidade.
21. Não compare seus sucessos ou fracassos com os sucessos e fracassos dos outros.
22. Não se atrase para a aula.
23. Leia os textos recomendados.

24. Trabalhe meio período para pagar a universidade.
25. Faça amigos improváveis.
26. Não seja gananciosa.
27. Trabalhe como garçonete.
28. Tenha amizade com um dono de restaurante.
29. Aprenda a fazer um coquetel personalizado.
30. Não tome sorvete a não ser que seja seu sabor favorito.
31. Não use drogas.
32. Aceite seus sentimentos.
33. Controle seu comportamento. Você não pode controlar seus sentimentos, mas não os deixe conduzi-la para escolhas ruins.
34. Deixe seu telefone de lado.
35. Coisas são coisas.
36. Olhe as pessoas nos olhos. Use um firme aperto de mão. Um abraço, quando apropriado.
37. Mantenha na poupança seis meses de despesa fixa.
38. Não durma por aí.
39. Perca com dignidade e então aprenda. Ganhar é ainda mais gratificante.

40. A vida é muito curta para se trabalhar para um babaca.
41. Se você não consegue falar sobre algo, você não deveria fazê-lo.
42. Aprenda a tocar bem um instrumento.
43. Torne-se familiar ao mundo digital.
44. Aprenda a perdoar.
45. Nunca desista.
46. Levante-se para as pessoas.
47. Faça algum exercício toda semana. Isso não é uma opção.
48. Aprenda a dizer não.
49. Aprenda a dizer sim.
50. Aprenda a ficar quieta.
51. Telefone quando você se atrasar.
52. Use camisinha.
53. Tenha sempre pensamentos positivos.
54. Aprenda a dizer "eu estava errada".
55. Não se odeie pela manhã.
56. Dê ao seu amigo seu último centavo.
57. Você é uma líder. Lidere.
58. Construa um time melhor que você.
59. Não há problema em ter um trabalho que está abaixo de suas habilidades.

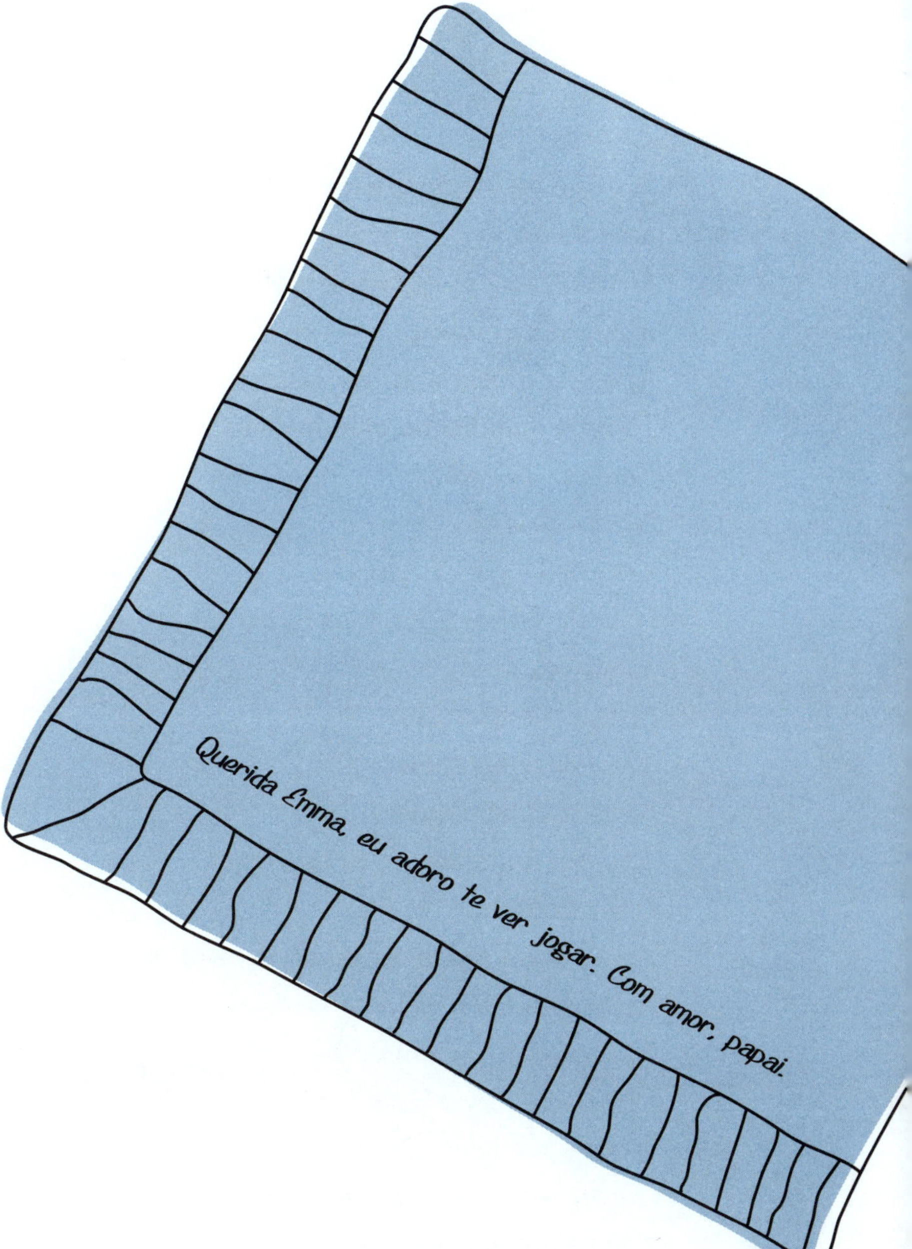
Querida Emma, eu adoro te ver jogar. Com amor, papai.

EPÍLOGO

Eu sou a única pessoa andando pela casa tão cedo pela manhã. Ainda está escuro e sinto o piso frio do chão da cozinha enquanto caminho para fazer minha primeira xícara de café. O calor da caneca facilita a rotina matinal. Abro a geladeira para pegar os ingredientes do almoço. Há frutas frescas na gaveta e geleia caseira de morango em um pote. As frutas são lavadas e picadas, e a geleia espalhada no pão com manteiga de amendoim. Água fresca é uma obrigação. O almoço não estaria completo sem uma pequena surpresa. "Devo colocar um biscoito?", penso em voz alta. Decido que um biscoito não faz mal a ninguém. O almoço é sempre feito e embrulhado com amor. Muitas pessoas considerariam completa essa refeição, mas não eu.

Chega a hora da verdade. Eu sempre passo por dois segundos de medo perante um guardanapo em branco. Pego uma caneta — a mesma que tenho usado por anos para escrever inúmeros

Bilhetes de Guardanapo para minha filha Emma — e dou um gole no café, enquanto contemplo o vazio de um guardanapo em branco. Faço uma pausa. Há alguma coisa especial hoje na escola? Não que eu saiba. Dou um segundo gole no café e começo a escrever...

"Não se esqueça de ser incrível! Você é umas das crianças mais fantásticas que conheço e estou orgulhoso de você."

Essa é uma boa mensagem para o dia. Sorrio e espero que esta mensagem tenha um grande impacto.

Retiro um segundo guardanapo e escrevo: "Faça mais do que te faz incrível! Eu te amo". Eu adoro usar a palavra incrível o máximo que posso nas mensagens.

Ouço alguém descendo as escadas, enquanto termino de dobrar os guardanapos.

— O que você está fazendo, vovô?

— Ah, só terminando seu almoço. Fiz um para seu irmão também. Estou muito feliz de estar aqui este ano para o seu primeiro dia de aula. Você está empolgada?

— Sim, eu acho que a escola vai ser bastante divertida. Estou preparada para a grande liga agora — ela brinca.

Entrego o almoço de cada um dos meus netos e lhes dou um beijo de despedida.

Emma sorri para mim e diz:

— Volto em alguns minutos, pai.

Ela me beija na bochecha e leva seus filhos para escola.

OS CINCO BILHETES DE GUARDANAPO FAVORITOS DA EMMA

Recebi tantos Bilhetes de Guardanapo ao longo dos anos que é difícil escolher meus favoritos. Mas, abaixo, estão os que mais se destacam para mim. Com frequência, tendo a gostar dos bilhetes com citações que te façam refletir. De início, as mensagens parecem simples, mas há algo mais profundo quando você para e pensa a respeito.

Embora nunca esperássemos que meu pai escrevesse um livro sobre os Bilhetes de Guardanapo, estou feliz que haja alguma coisa no mundo lá fora que meu pai e eu fizemos juntos. A escolha desses cinco bilhetes dificilmente será a minha decisão final, mas estes são, com certeza, especiais.

Mais do que tudo, gostaria de agradecer ao meu pai. Apesar de ele ser aquele que, no atual momento, não deveria ter a obrigação de ser forte, é ele quem tem assumido esse papel nesse tempo todo. Tenho muito orgulho dele.

Querida Emma, você não pode ganhar se não jogar. Com amor, papai.

Recebi esse Bilhete de Guardanapo após ter sido escolhida para o time de *softball* de Rockville. A mensagem nunca falha em me motivar a ir ao treino ou tentar o meu melhor para atingir um objetivo. Ajuda-me a perceber que preciso me lembrar do sentimento bom que tenho após ganhar um jogo ou após um bom treino. Não posso ter esse sentimento a não ser que eu jogue. Eu tenho que ter a iniciativa de fazer as coisas acontecerem.

Querida Emma, lembra-se daquela garota que estava olhando para baixo no trepa-trepa quando Colin disse "Eu vou te salvar, Emma!", e você respondeu "Vou me salvar sozinha!"? Seja aquela garota. Seja corajosa. Com amor, papai.

Meu pai sempre me encorajou a ser forte, independente e confiante. Essa mensagem traz antigas recordações e me lembra de que eu não preciso de mais ninguém para "me salvar". Reforça minha segurança de que posso ser uma garota independente, que resolve seus próprios problemas e toma decisões certas... O tipo de garota que meu pai está me educando para ser.

Querida Emma, às vezes, quando preciso de um milagre, olho em seus olhos e percebo que eu já tive um.
Com amor, papai.

Eu amo essa mensagem não só porque estimula minha autoconfiança, mas porque me lembra de que sou capaz de fazer meu pai se sentir melhor. Mostra que sou capaz de fazer a diferença para o meu pai, na sua vida e na sua saúde. Isso é importante para mim porque sei que, se ele está se sentindo bem fisicamente, isso significará mais tempo para passarmos juntos. Sofro quando sei que ele está se sentindo mal por causa dos medicamentos que toma. Eles podem realmente nocauteá-lo e eu não gosto de vê-lo sofrer.

Querida Emma, tem sido uma semana atribulada para nós. Não vamos nos esquecer de passarmos um fim de semana incrível juntos!
Com amor, papai.

Esse bilhete me traz boas lembranças. Eu o recebi após uma das viagens que meus pais e eu fizemos a Nova York. Essas viagens eram divertidas; no entanto, também foram bastante estressantes, porque praticamente não dormimos e tínhamos uma agenda apertada para conseguir estar nos programas de televisão. Ficamos aliviados por estarmos de volta em casa e, quando recebi essa mensagem durante meu almoço, me encheu de expectativas para o próximo fim de semana, quando as coisas poderiam voltar ao normal. A mensagem me fez sorrir ao perceber que meu pai sabia que eu estava cansada, e também me ajudou a percorrer o difícil dia de escola.

A vida não precisa ser perfeita
para ser maravilhosa.
– Annette Funicello

Esse bilhete não é tão inspirador para mim como os outros, embora ainda tenha um grande significado. Não tem uma mensagem relacionada diretamente a mim e não é uma história da minha infância. O que faz essa mensagem especial é que me traz esperança com relação ao meu pai. A vida dele certamente não é perfeita. Mas isso não significa que ele não possa fazer o melhor dela e lidar com o câncer para tornar sua vida maravilhosa.

A FILOSOFIA DE ESCREVER BILHETES DE GUARDANAPO

- Se você fizer o almoço de alguém, inclua um bilhete! Todo mundo aprecia um bilhete com sua refeição.
- Se seu filho estiver comendo, dê a ele um guardanapo. Usar um guardanapo é um sinal de boas maneiras à mesa.
- Pensamentos profundos não são pré--requisitos para um Bilhete de Guardanapo. Às vezes, é melhor passar uma ideia ou pensamento simples.
- Escrever um Bilhete de Guardanapo diz aos destinatários que você está pensando neles. E quando eles lerem, estarão pensando em você. É um bom ciclo.
- Faça o almoço dos seus filhos. Não use produtos preparados. Lave, misture, corte e embrulhe você mesmo. Você se conectará à

comida. Você se conectará com o que seus filhos comem.

- Comprar o almoço é a última opção. É muito mais difícil incluir uma mensagem se seus filhos compram o almoço na escola. Sua refeição caseira também terá um sabor melhor, e é uma escolha saudável.
- Escreva bilhetes para crianças que ainda não sabem ler. Nunca é muito cedo para começar. Desenhe corações e estrelas. Você pode usar palavras básicas que comunique os valores da sua família como "amor" e "feliz".
- Você nunca está ocupado demais para escrever uma mensagem. Leva menos que cinco segundos para escrever "Eu te amo".

COMO ESCREVER UM BILHETE DE GUARDANAPO

Encarar um guardanapo em branco pode ser difícil. Eu entendo. É de manhã cedo e talvez você não tenha consumido ainda sua dose diária recomendada de cafeína.

É importante reconhecer o significado por trás do porquê você está motivado a escrever um bilhete. O que você quer que seu leitor receba? Por que ele precisa recebê-lo?

O primeiro passo para mim é fazer uma rápida oração. Se você não reza, não tem problema; só tire um momento e pense como esse guardanapo pode se transformar em alguma coisa maior do que uma simples mensagem.

Eu escrevo dois tipos de Bilhetes de Guardanapo, e qual você usará será pessoal.

O primeiro tipo são mensagens de motivação. Encontro-as em todo lugar. Sou um leitor ávido e presto atenção às coisas que podem se tornar um bom Bilhete de Guardanapo para Emma. A citação deve ser significativa para o dia. Não se esqueça de creditar o autor. Há inúmeros exemplos ao longo do livro, no nosso site e em nossas redes sociais.

Se seus filhos estão resistentes em receberem bilhetes da mãe ou do pai e não querem ficar constrangidos, tente escrever em códigos:

- Esconda a mensagem no fundo da sacola ou lancheira.
- Use siglas como QAFECV (Que a força esteja com você) ou NEDSI (Não esqueça de ser incrível).
- Escreva pequenas mensagens dentro do guardanapo. Uma boa sacada é quando você escreve alguma coisa como "O que está no nosso interior é o que importa" e então dentro do guardanapo "Você é incrível".

O segundo tipo é o mais importante para mim. É altamente pessoal. Esse é o tipo que dá muito certo e necessita de duas coisas — esforço e coração. Aqui está como eu começo:

"Querida Emma, estou tão orgulhoso..."

E então escrevo sobre o que estou orgulhoso. Você não pode só dizer que está orgulhoso. Você tem que dizer o porquê e dar um exemplo claro e concreto. Provavelmente, terminaria o bilhete assim:

"Querida Emma, estou tão orgulhoso de como você jogou *softball*. Você é uma jogadora entusiasmada e uma ótima atleta. Adoro te ver jogar. Com amor, papai."

Dobre o guardanapo na metade, com os escritos para dentro, e o coloque gentilmente na sacola do lanche ou almoço.

Sorria. Saiba que você fez a sua parte para se conectar com alguém hoje.

MAIS QUE BILHETES DE GUARDANAPO

Sou grato por ter a oportunidade diária de escrever para Emma um Bilhete de Guardanapo. Há muito tempo decidi que almoços caseiros eram o melhor para ela. Estou convencido de que mesmo quando acrescento um item não tão saudável, como um docinho ou uma bolacha, o almoço da Emma tem menos gorduras calóricas e mais alimentos integrais do que ela jamais receberia em um comprado na escola. É difícil. Não me entenda mal. Olhar para a despensa e para a geladeira a cada manhã e decidir o que embrulhar é tão difícil quanto encarar um guardanapo em branco e escrever um bilhete. As duas coisas, tanto fazer o lanche ou o almoço quanto escrever o Bilhete de Guardanapo, requerem esforço; às vezes, toda a energia que eu tenho naquela hora da manhã.

Vale a pena.

Cada vez mais, caminhamos para um mundo digital. Amamos nossos *smartphones* e *aplicativos*. Mensagens manuscritas começam a ter um significado maior do que jamais tiveram. Um bilhete escrito à mão é tangível. Ele pode ser guardado. Leva tempo e esforço para as duas coisas — escrever e ler. Um bilhete escrito à mão carrega, implicitamente, um profundo significado. O autor leva tempo para compor e escrever. O destinatário reserva tempo para ler e absorver o significado da mensagem. É um bom ciclo.

Bilhetes de Guardanapo não precisam ser, necessariamente, escritos em guardanapos. E nem são apenas para crianças. Vamos expandir a definição para incluir qualquer mensagem curta entregue a um ente querido e ver quais são as possibilidades. Pelo menos, isso nos permite renunciar à necessidade de fazer um almoço caseiro.

- **Grude bilhetes no espelho do banheiro**

Essa é uma ótima opção se você sai de casa antes do seu ente querido. É mais divertido se você usar canetinhas apagáveis (mas, nesse caso, não dá para colecionar as mensagens).

- **Bilhetes escondidos**

Tenho um amigo querido, Adam Mead, que distribui bilhetes pela sua casa antes de uma viagem de negócios. Ele os esconde em bolsos, em luvas de forno e em lugares que você, provavelmente, nunca pensaria esconder uma mensagem. Sua família encontrava mensagens durante todo o tempo em que ele estava viajando a negócios.

- **Cabeças do Darth Vader**

Um outro amigo querido me deu de presente cabeças de plástico do Darth Vader. Dentro de cada uma havia um pequeno doce e uma mensagem, como um bilhete da sorte personalizado do Star Wars. Eu abria em dias que precisava de motivação adicional e apoio.

- **Bilhetes dentro de livros**

Somos leitores ávidos e há sempre livros pela casa. Se você realmente quer deixar uma mensagem para o futuro, coloque-a bem depois do marcador do livro. Ficará mantida ali até que o leitor vire a página. Isso funciona igualmente para os livros escolares!

- **Bilhetes em pratos de papel**

Essa é uma excelente opção para a refeição na escola ou em casa e piqueniques. Há bastante espaço na circunferência do prato de papel para mensagens longas.

- **Bilhetes de imagens**

O que você faz se quer enviar um Bilhete de Guardanapo, mas a criança ainda não sabe ler? Mande uma figura! Imprima uma série de fotos favoritas da família: um animal de estimação, a casa, bichos de pelúcia, um bolo de aniversário ou os membros da família! Isso desenvolverá uma ansiedade em desembrulhar a refeição e encontrar alguma coisa especial. Quando as crianças aprenderem habilidades básicas de leitura, você pode começar a escrever palavras simples em um guardanapo e desenhar imagens associadas à palavra.

- **Bilhetes no banco da frente**

Recebi meu primeiro bilhete da Lissa em 2 de dezembro de 2013. Era o meu primeiro dia em um novo trabalho e ela colocou uma mensagem no banco da frente da minha caminhonete. Está lá até hoje. Você também pode colocar um bilhete atrás do quebra-sol do carro se não se importar que o texto não seja lido imediatamente.

- **Bilhetes por correio**

Não há razão para esquecer o jeito mais tradicional de se mandar uma mensagem: por correio. Todo mundo aprecia receber qualquer coisa que não uma conta ou malas diretas. Você ainda pode enviar uma série de mensagens para serem recebidas uma a cada dia da semana.

- **Bilhetes de carteira ou bolsa**

Pegue um pequeno pedaço de papel com palavras sinceras, dobre-o na metade e o coloque ao lado de um cartão ou da carteira de motorista.

- **Bilhetes dentro de um notebook**

Escreva uma mensagem e a coloque-a dentro do notebook, cobrindo o teclado. Feche a tampa e deixe o dono ser surpreendido mais tarde!

- **Bilhetes no mural da cozinha**

Essa é uma excelente maneira de deixar recados para vários membros da família e iniciar uma comunicação com eles. Lissa frequentemente escreve planos para o jantar ao longo da semana em nosso mural e eu ocasionalmente desenho uma cara triste ao lado do item que eu não quero! Famílias com crianças pequenas podem usar isso para escolher uma palavra por semana. Essa palavra pode ser importante para a família e deve ser discutida em conjunto. Palavras importantes para a família devem ser curtas para aqueles que estão aprendendo a ler: alegria, amor, feliz, família, lar, verdade, dar, dividir e confiança — ótimas palavras para começar.

- **Bilhetes na parte inferior do mouse**

Que ótima maneira de transformar um truque em uma mensagem de amor! Em um *post-it* escreva uma mensagem, e então coloque o bilhete embaixo do mouse, que irá "falhar" quando o usuário tentar usá-lo. Ele encontrará o bilhete ao investigar o que está acontecendo.

Todos esses exemplos são ótimos para família e amigos. Escrever uma mensagem personalizada fortalecerá o relacionamento. Repetir a ação pode levar o relacionamento a um novo nível de comunicação.

Vale a pena.

Gostaria de sugerir uma outra área, em que a gente pode melhorar a comunicação de forma significativa. A comunicação no ambiente de trabalho é completamente dependente de *e-mails*. Um funcionário padrão envia ou recebe mais de 105 *e-mails* por dia. Mesmo se um gerente for mandar um *e-mail* de "ótimo trabalho", há uma grande probabilidade da mensagem se perder entre esses *e-mails* diários.

Imagine o impacto se seu gerente escrever um bilhete sobre o ótimo trabalho que você realizou em um projeto e o deixar na sua mesa! Como você se sentiria? Como o gerente se sentiria após escrever esse bilhete?

AGRADECIMENTOS

Mal posso começar a expressar meu agradecimento por todos aqueles que me ajudaram a moldar minha vida e a me preparar para esta batalha. Obrigado a:

Minha esposa Lissa, por ser minha rocha. Você me amou enquanto eu não fui nada amável. Você carregou meu fardo quando eu não conseguia. À superação das expectativas!

Minha mãe, que agiu com altruísmo e bondade para me ajudar nessa batalha.

Minha irmã Colleen, desculpe pela pintura. Não contarei para mamãe se você não contar. Dê um beijo por mim nas crianças. Sou eternamente grato por você ser minha irmã.

Meu pai, por me fazer conquistar cada "venci" que eu já tive. Com certeza sinto saudades e gostaria que você estivesse aqui.

Minha tia Ruth, por me lembrar do que realmente importa. Minha prima, Jo-Anne Estes Ebensteiner, por vir ao meu resgate e caminhar comigo nessa jornada mais de uma vez.

Todos os Callaghan e Keough. Sou extremamente grato por fazer parte das duas partes da família.

Meus amigos em Port Leyden, por me proporcionarem um ótimo local para crescer e também pelo apoio de vocês em abril.

Meu primeiro chefe verdadeiro, Ed Flisak, que me ensinou o valor de saber qual era o meu trabalho e de fazê-lo bem-feito.

Padre Dan Brady, que me fez as perguntas difíceis e já sabia as respostas.

Terry Martin e os Cavaleiros de Columbus, por me salvarem. Eu estava desesperado e precisava de orientação espiritual quando vocês apareceram.

Dr. Tim Brandford, por acreditar em lutar o bom combate e por sua dedicação ao meu melhor programa de tratamento.

Dr. Craig Swainey, por trazer Deus à sala de exames e pela crença perseverante que eu superaria isso.

René Haines, por sua longa amizade, apoio e orientação.

Adam Mead, por sua percepção espiritual e por ser um tremendo de um bom amigo.

Kris Hall, pela sua amizade e por me deixar em casa quando eu mais precisava.

Ted McCall, por me mostrar o que é ser um melhor amigo por 35 anos.

Jim Murray, por seu entusiasmo infinito pelas minhas ideias malucas.

Meu mentores na Circuit City: Theresa Klotz, Dawn von Bechmann, Kay Thornberry e Jennifer Jones.

Kim Zirkle, que me deu uma chance, mesmo sem ser sua responsabilidade.

Alex Sheen, por me permitir expressar uma promessa implícita e realizar uma bem mais difícil.

Cait Hoyt, por acreditar em nossa história e missão, tornando-as como suas.

Lissa Sharkey, por acelerar meu atendimento no memorial Sloan Kettering e nos ajudar a compartilhar a nossa história.

Amy Bendell, pela valiosa orientação durante nosso processo de narrativa.

Cindy DiTiberio, pela paciência, orientação, suporte e entusiasmo sem os quais este livro não existiria.

A todos que rezaram por mim e me apoiaram nesta jornada.

E, por último, mas não menos importante, Nicole Kiniry. Nicole, você tem sido um dos meus maiores apoios. Você me faz ansiar por visitar logo os meus médicos. Você sempre tem uma palavra tranquilizadora e uma voz firme. Cuida de mim como se eu fosse seu irmão, e eu não poderia seguir esse caminho sem você para me ajudar a navegar. Você sempre foi meu anjo da guarda. Obrigado por estar aqui para mim. Nunca teria conseguido meus agendamentos sem você e obrigado por sempre me dar contraste de baunilha. Eu juro que inventarei em breve um contraste com sabor de Guinness.

CONTINUE ESCREVENDO

Facebook facebook.com/napkinnotes
Twitter @napkinnotesdad
Tumblr napkinnotesdad.tumblr.com
Pinterest pinterest.com/napkinnotesdad
Instagram napkinnotesdad
Website www.napkinnotesdad.com
E-mail garth@napkinnotesdad.com
Telefone +1 804-480-4127